FRANZ KÜHMAYERS
LEADERSHIPREPORT 2016

» Digitale Disruption «

IMPRESSUM

Herausgeber
Zukunftsinstitut GmbH
Kaiserstr. 53, 60329 Frankfurt
Tel. + 49 69 2648489-0, Fax: -20
info@zukunftsinstitut.de

Ansprechpartnerin
Tessa Winter
Telefon: +49 (0)69 26 4848 9-0
info@zukunftsinstitut.de

Autor
Franz Kühmayer

Projektleitung
Janine Seitz

Redaktionelle Mitarbeit
Esther Madel, Patrick Wienecke

Lektorat
Franz Mayer

Grafik-Design
Christoph Almasy
www.wearenow.at

ISBN 978-3-945647-03-5

Liebe Leser,

Disruption ist das Buzzword dieser Tage. Was darunter zu verstehen ist, lässt sich schwer greifen. Klar scheint nur: Alles wird wieder einmal anders als zuvor. Nur wie? Die Aufregung ist groß: Die Roboter kommen – und rütteln sogar an den Chefsesseln und Managergehältern. Und gerade in Zeiten höherer Unsicherheit wird sozusagen intuitiv stärker an den bekannten Mustern festgehalten – aber desto stärker schlägt die Disruption zu. Disruption bedeutet, das Unbequeme zuzulassen, aus ihm zu lernen und im besten Falle gestärkt aus der Situation hervorzugehen. Sackgassen als solche zu erkennen und neue Wege zu gehen – ohne zurückzublicken.

Das Digitale ist dabei ein Disruptions-Treiber, und nur wenige Unternehmen sind „Digital by Design", die meisten aber sind in der Lern- und Experimentierphase – und nicht alle werden diese überstehen. Die Digitalisierung ist einer der wichtigsten Treiber der Wirtschaft – und stellt Unternehmen, Führungskräfte und Mitarbeiter vor akuten Handlungsbedarf. Was zeichnet eine digitale, zukunftsfähige Organisation aus? Welche Leadership-Skills benötige ich, um eine vernetzte Workforce zu führen und durch das digitale Meer der Unwägbarkeiten zu navigieren? Oder wird in einer projektbasierten, vernetzten Arbeitswelt jeder kurzzeitig zum Chef (und der Leader an der Spitze überflüssig)?

Umso wichtiger ist es, digitale Kompetenzen zu erwerben und eine digitale Kultur wahrlich zu leben. Franz Kühmayer richtet den Fokus der diesjährigen Ausgabe des Leadership Reports gezielt auf die Digitalisierung der Wirtschaft und ihre Herausforderungen und Chancen für Führungskräfte und Manager. Digitalisierung macht die Wege kürzer, den Informationsfluss schneller, den Zugang einfacher und das Wissen größer. Arbeit wird immer mehr selbstbestimmt – das verlangt aber auch von jedem Einzelnen ein hohes Verantwortungsbewusstsein. Leadership betrifft künftig jeden – der Digitalisierung sei Dank.

Ich wünsche Ihnen eine inspirierende Lektüre!

Janine Seitz
Projektleitung Reports

(8) *Leadership Trends*

TREND 1:
Crazy Responsibility

TREND 2:
Enabling Leadership

TREND 3:
Antiwork

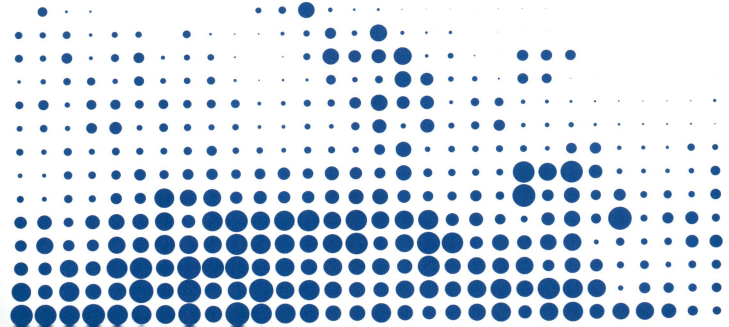

28 *Digital Economy*

Wie die Digitalisierung Wirtschaft und
Unternehmen verändert

60 *Digital Leadership*

Was morgen persönlich und
organisatorisch gefragt ist

PORTRAIT

Franz Kühmayer

Franz Kühmayer zählt zu den gefragtesten Vordenkern der neuen Arbeitswelt. Optimistisch, provokant und lösungsorientiert vereinigt er wissenschaftliche Forschung, umfassende Beratungspraxis und intellektuelle Weitsicht. Das macht ihn zu einem inspirierenden Gesprächspartner für Führungskräfte, wenn es darum geht, die Zukunft der Arbeit aktiv zu gestalten.

Dabei kombiniert er seine langjährige Erfahrung als erfolgreicher Top-Manager in Konzernen mit einem provokanten Blick unter die Oberfläche und in die Zukunft. Er bringt durch seine Arbeit Unternehmen und Organisationen zum Nachdenken über ihre Kultur, Führungs- und Managementstile und begleitet sie auf dem Weg in die Zukunft.

Franz Kühmayer hat Physik und Informatik studiert und eine Vielzahl von Weiterbildungen absolviert, unter anderem an der Kellogg School of Management, Chicago, und an der University of Washington, Seattle. Er blickt auf eine erfolgreiche internationale Karriere als Führungskraft zurück, die ihn unter anderem nach Boston und Paris geführt hat.

Heute lebt er in Wien, ist Geschäftsführender Gesellschafter der Strategieberatung KSPM und Trendforscher am Zukunftsinstitut, dem führenden Thinktank der europäischen Zukunftsforschung. Darüber hinaus ist er Mitglied des österreichischen Beirats der Initiative Digitale Agenda der Europäischen Kommission. Kühmayer lehrt an mehreren Hochschulen und publiziert regelmäßig.

Leadership Trends

01 *Crazy Responsibility*

02 *Enabling Leadership*

03 *Antiwork*

Crazy Responsibility

Mehr Mut wagen

01

CRAZY RESPONSIBILITY
LEADERSHIP TRENDS

Damit Zukunft gelingen kann, ist weniger Sicherheitsdenken und mehr Mut von-nöten; weniger Struktur und mehr Freiheit. Unternehmen im deutschsprachigen Raum brauchen mehr Querdenker. – Eine Provokation.

Währungskrise, Stagnation, Facharbeitermangel: Viel zu oft beherrschen Krisen die Themenlage auf Füh-rungsebene. Hinzu kommt die Unübersichtlichkeit der Gesamtsituation: Zu komplex und volatil sind die Umgebungsbedingungen, um noch mit langfristiger Planung bearbeitbar zu sein. Das düstere Außenbild kann verheerende Konsequenzen für innen haben. Denn aus dem Alarmismus der permanenten Bedrohungslage entsteht vielfach ein ängstlicher Blick auf die Zukunft und ein in sich gekehrtes Betriebsklima. Wie Mehltau legt sich dann das Zögerliche, Vorsichtige und Beharrende über alle Vorstandsdebatten und Managemententscheidungen. In diesem Klima blüht ein Führungsstil, der immer neue Kontrollinstrumente schafft, um für Stabilität zu sorgen. Dieses systemerhaltende Mikromanagement auf allen Ebenen verhindert notwendige Veränderungen und steht der Innovationsbereitschaft des Betriebes diametral gegenüber.

Raus aus dem gesellschaftlichen Biedermeier

In fordernden und unsicheren Zeiten finden Reform-verweigerer oft Mehrheiten bei Beschlussfassungen. Statt über radikal neue Geschäftsmodelle auch nur nachzudenken, wird marginalen Produkt- und Prozess-verbesserungen der Vortritt gelassen, und das obwohl die Erfolgsaussichten eine völlig andere Strategie nahelegen würden (Pillkahn 2007). Auch auf gesellschaftlicher Ebene sei die Sehnsucht nach Geborgenheit im Angesicht von Abstiegsängsten wahrnehmbar, konstatiert die Soziologin Cornelia Koppetsch in ihrem Essay „Die Wiederkehr der Konformität". Unter dem Eindruck des gesellschaft-lichen Biedermeiers verkrusten Systeme und erstarren Entscheider. Aus Furcht davor, Fehlentscheidungen zu treffen, werden tatsächlich gemachte Fehler anderer noch stärker als Versagen angesehen, als es in der vorsichtigen Kultur Zentraleuropas ohnehin schon der Fall ist. Der IT-Unternehmer Damian Izdebski hat in seinem Buch

„Meine besten Fehler" einprägsam beschrieben, wie unternehmerisches Scheitern sogar in soziale Ausgrenzung münden kann.

Das muss sich ändern, wenn Unternehmen im Wettbewerb um Wachstum und Marktanteile an die Spitze wollen. Führungskräfte brauchen jetzt vor allem eines: mehr Mut, Richtungen vorzugeben, und mehr Bereitschaft, die Zukunft aktiv zu gestalten.

Risiken aktiv gestalten

Fordernde Zeiten sind immer auch ein fruchtbarer Boden für frische Ideen: In diesem Sinne leben wir in einer geradezu prototypischen Aufbruchszeit. Auch wenn es paradox klingt, ist es grundvernünftig, gerade jetzt mutig zu denken und zu handeln. Das Interessante ist, dass viele Unternehmen deswegen scheitern, weil sie nicht den Mut haben, etwas zu riskieren. Bequeme Stabilität kann zu tödlicher Starre führen, und auch wenn Veränderungen mitunter mühevoll sind, ist es keine Option, sich nicht weiterzuentwickeln. Ohne die Neugierde, Risikobereitschaft und mutige Schaffenskraft der Vergangenheit hätten wir heute weder Fortschritt noch Wohlstand. Und für die Zukunft sind diese Eigenschaften mindestens ebenso entscheidend.

> *Der sicherste Ort für Schiffe ist der Hafen; doch das ist nicht, wofür Schiffe gebaut werden.*
>
> JOHN A. SHEDD, SALT FROM MY ATTIC, 1928

Mut ist eine persönliche Haltung, die wir für die Bewältigung der Herausforderungen in vielen Handlungsfeldern dringend brauchen. Es ist die Erkenntnis, dass wirtschaftliches Handeln immer risikobehaftet ist, und die Bereitschaft, dieses Risiko aktiv zu gestalten. Daraus entsteht der Unterschied zwischen einer fremd- und einer selbstbestimmten Zukunft, und ob Chancen genutzt werden oder vorbeiziehen. Ausgerechnet Mut, nicht übertriebene Vorsicht, stärkt die Resilienz von Unternehmen.

Frisches Denken und Zuversicht

Mutige, auch mal riskante Entscheidungen treffen, etwas Neues ausprobieren – das war noch nie so einfach wie heute. Auf der einen Seite zählen die Maßstäbe der Vergangenheit immer weniger, auf der anderen Seite hält die global vernetzte, digitalisierte Wissensgesellschaft enorme neue Möglichkeiten parat. Als WhatsApp von Facebook für die Rekordsumme von 19 Milliarden US-Dollar übernommen wurde, hatte das Unternehmen bereits 450 Millionen Kunden – aber nur 35 Mitarbeiter. Heute, knapp zwei Jahre später, hat sich die Zahl der Anwender mehr als verdoppelt. Fast jeder achte Mensch weltweit nutzt WhatsApp. Betrieben wird der Service weiterhin von einer winzig kleinen Anzahl von Mitarbeitern: Gerade einmal 50 Techniker halten den Betrieb am Laufen. Möglich ist das nur durch frisches Denken und den Mut, in neuen Geschäfts- und Betriebsmodellen zu denken.

Erfolgreiche Führungsarbeit baut mehr denn je auf der Grundlage einer zuversichtlichen Denk- und Handlungsweise im Umgang mit Unsicherheit und Risiko auf. Veränderungen, Umwälzungen und eine Welt in ständiger Bewegung sind nicht abwendbar. Leadership bedeutet, einen Rahmen zu schaffen, der es Mitarbeitern ermöglicht, positiv mit diesen Dynamiken umzugehen, Zukunft zu gestalten und nicht gestaltet zu werden. Führungsarbeit darf deshalb nicht länger versuchen, Menschen in einem falsch verstandenen System aus Fehlervermeidung und Kontrolle in vermeintliche Sicherheit zu betten, sondern soll sie unterstützen, selbstständig und mutig zu sein.

Mutige Ideen fördern

Die meisten Unternehmen haben echten Bedarf nach „Verrückten". Nicht umsonst sind die Stellenanzeigen gefüllt mit der Suche nach innovativen Querdenkern, die neue Ideen mitbringen. Die Schlüsselfrage ist allerdings nicht, wie es gelingt, dass das Neue seinen Weg ins Unternehmen findet, sondern vor allem, wie es dort überlebt und seine Frische behält.

Die Verantwortung dafür kann nicht delegiert werden. Sie ist auf der obersten Führungsebene verankert und muss von dort aus als Leuchtfeuer ins Unternehmen wirken.

Führungskräfte von morgen brauchen Mut und Risikobereitschaft

Mit dem Ziel, eine Kultur zu schaffen, in der Mitarbeiter auf allen Ebenen Verantwortung übernehmen. Dies zu fördern und zu fordern bringt alle weiter.

Von alleine stellt sich diese Entwicklung nicht ein, deshalb brauchen wir ein Narrativ, eine „Story", mit der glaubwürdig erzählt wird, warum Unternehmergeist wichtig ist, welche Freiheitsgrade dafür bereitstehen und welche Richtung eingeschlagen werden soll. Dieser Rahmen entsteht auf der Basis der Unternehmensgeschichte und -kultur, er muss Teil des Betriebssystems des Unternehmens werden, um authentisch zu sein. Andere zu kopieren, auch im löblichen Bestreben, sogenannte Best Practices zu übernehmen, muss daher scheitern.

Balance zwischen Craziness und Responsibility

Das bedeutet allerdings nicht, dass keinerlei Grundeigenschaften eines fruchtbaren Bodens für Intrapreneurship

existieren. Sinnhaftigkeit, eigenständiges Denken, Transparenz und Offenheit gehören sicherlich dazu. Unternehmerischer Mut ist jedenfalls kein träumerischer Freibrief für eine Hurra-Mentalität des Draufgängertums. Der entscheidende Aspekt ist der Anspruch, wertstiftend, wertsteigernd und werterhaltend zu agieren, auch über den Quartals-Forecast und über eine lineare Zukunftsperspektive hinaus. Dazu gehört eine sorgfältige Balance aus Craziness und Responsibility: Mitarbeiter sollen den Mut haben können, neue Pfade zu beschreiten, und gleichzeitig einen Rahmen vorfinden, in dem sie Verantwortung für ihr Tun übernehmen können.

Wenn unternehmerische Verantwortung in ein eng geschnürtes Korsett an Scorecards und Berichten gebunden wird, entsteht ein System, das mangels strategischer und operativer Spielräume handlungsunfähig wird. Ganz zu schweigen von den machtpolitischen Querelen, denen es ausgesetzt ist. Die Ecken und Kanten im Denken, die Querköpfe mitbringen, werden auf diese Art sehr rasch abgeschliffen, mit dem Ergebnis gleichförmiger Beliebigkeit und langweiligen Durchschnitts. Damit unterminieren Unternehmen zugleich Begeisterung und Potenzial der Mitarbeiter und errichten trotz eifriger Geschäftigkeit eine gläserne Blockade für den Ideenfluss. Alles bewegt sich, doch das Gesamtsystem steht still.

Offene Intrapreneurship-Kultur

Für Mitarbeiter, die Appetit auf Risiko haben, die sich von der Norm absetzen und den Status quo herausfordern, sind herkömmliche Organisationsmodelle, Hierarchiestufen und Karrierepfade wenig geeignet. Sie engen das Spektrum akzeptierter Arbeitsweisen zu sehr ein. Unternehmen müssen also ein gewisses Maß an Ordnung aufgeben, wenn sie Intrapreneurship fördern wollen. Soll dies in einem ersten Schritt nicht für das gesamte Unternehmen gelten, bietet sich die Einrichtung kompakter Organisationseinheiten mit erhöhten Freiheitsgraden an, die rotierend mit Mitarbeitern aus der Linienorganisation besetzt werden können: Innovation-Labs, wie beispielsweise die Lockheed Advanced Development Programs („Skunk Works"), in denen exotische Technologien entwickelt und erprobt werden; oder der Bunker von Alfa Romeo, in dem der italienische Automobilhersteller Ingenieure ihre Innovationskraft in der Entwicklung künftiger Fahrzeuge ausleben lässt.

Es müssen die richtigen Fragen gestellt werden, die tief genug gehen, um für eine positive Atmosphäre der Rastlosigkeit zu sorgen. „Wenn Ihre Ziele nicht den Großteil Ihres Unternehmens nervös machen, sind sie vermutlich nicht hoch genug gesteckt", provozieren die Strategieberater von McKinsey und fordern Unternehmen dazu auf, „unreasonably aspirational" zu sein – also auf geradezu unvernünftig ambitionierte Visionen zu zielen (Olanrewaju/Smaje/Willmott 2014).

Verrückte Leadership statt starrem Management

Die Herausforderung besteht darin, das Verrückte in den Alltagsbetrieb zu überführen und wirtschaftlich verantwortlich gestaltbar zu machen. Wie das gelingen kann, zeigt die Geschichte des United States Digital Service. Trotz der enormen Ressourcen der US-Regierung wollte die elektronische Unterstützung des neuen Gesundheitssystems Obamacare anfangs nicht gelingen. Die Strukturen der Verwaltung waren nicht flexibel und dynamisch genug aufgestellt, um die neuen Services abbilden zu können. Im TV-Interview mit Jon Stewart beschreibt Präsident Barack Obama, wie es gelang, das Problem zu lösen: „We brought in a bunch of guys in T-Shirts" (The Daily Show vom 21.07.2015). Top-Informatiker von Google, Facebook und Co. dienen in der neugeschaffenen Stabsstelle USDS als schlagkräftige Truppe, deren frischer Spirit und erprobte Methoden die US-Verwaltung modernisieren sollen. Als Ergebnis werden nicht nur organisatorische Baustellen gelöst, sondern es entsteht auch ein Bauplan für eine Struktur der Zukunft, das US Digital Service Playbook (*https://playbook.cio.gov*).

Manager verteidigen Marktanteile und Besitzstände. Leader verschieben und verrücken Grenzen, um die Verhältnisse in ihrem Sinn ändern zu können. Sie tun dies als selbständige Unternehmer oder als Intrapreneure innerhalb von Unternehmen. Unabhängig von ihrem Dienstverhältnis ist es ihr Wesen, unternehmerischem Handeln zum Durchbruch zu verhelfen. Dazu gehört auch, ganz bewusst anders zu sein, weil man die Lage anders beurteilt.

01

CRAZY RESPONSIBILITY
TRENDPROGNOSE

Mut ist die wichtigste Voraussetzung für eine offene Intrapreneurship-Kultur. Dazu gehören Rahmenbedingungen und Anreize, wie echte Vorbilder, mehr Fehlertoleranz, eine finanzielle und organisatorische Infrastruktur – und vor allem ein umfassendes Verständnis von Innovation und Innovationssystemen. Es ist hoch an der Zeit für Führungskräfte, ein Klima zu schaffen, in dem die Zukunft wieder spannend und nicht bedrohlich wirkt.

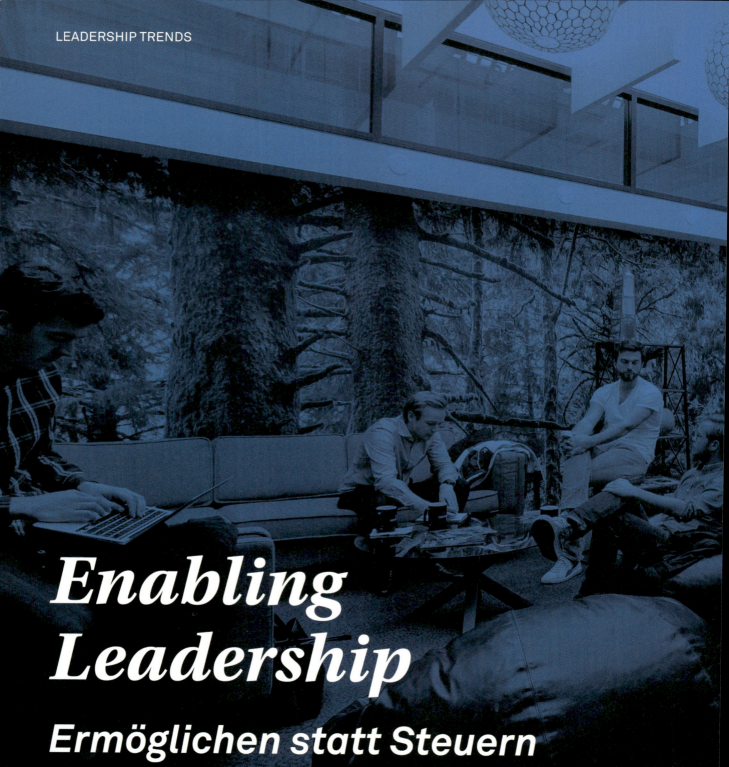

Enabling Leadership

Ermöglichen statt Steuern

02

ENABLING LEADERSHIP
LEADERSHIP TRENDS

Führungsarbeit hat künftig mehr mit Navigieren als mit Steuern zu tun: Das Ermöglichen steht im Mittelpunkt. Enabling meint, Räume zu öffnen, Chancen zu schaffen, Unterstützung anzubieten, damit sich Mitarbeiter weitgehend selbst organisieren können. – Eine Ermutigung.

Die oberste Zielsetzung in der Personalführung ist es, die richtigen Mitarbeiter zu finden und Strukturen zu errichten, in denen die besten Ergebnisse entstehen. Aus dieser Maxime ist ein geradezu mechanistisches Verständnis von Organisation entstanden: Schon der Begriff „Human Resources" legt das nahe. Mitarbeiter sind Mittel, Punkt. In Bottom-up-Organisationen ist das anders, dort sind Mitarbeiter tatsächlich der Mittelpunkt. Ein kleiner sprachlicher, aber großer kultureller Unterschied. Und einer, der zu einem entscheidenden Wettbewerbsfaktor werden kann. „Eine der wichtigsten Aufgaben für Top-Manager wird es sein, andere Arten der Zusammenarbeit und der Arbeitsorganisation auszuloten", ist MIT-Professor Thomas Malone überzeugt (Hamm 2013).

Denn immer mehr Unternehmen erkennen, dass ihre Wirklichkeit nicht mehr mit simplen Ursache-Wirkungs-Prinzipien erklärbar ist, sondern dass die Systeme komplexer werden. An der Unternehmensspitze ist längst nicht mehr die Summe der Kompetenzen des Unternehmens und immer seltener auch die Deutungshoheit über

Entscheidungen vereint. Logische Konsequenz: Es wird zunehmend sinnvoll, Vorgaben von oben zu reduzieren und Freiheitsgrade für Mitarbeiter zu erhöhen. Allerdings: Selbstbestimmtes Arbeiten auch organisatorisch abzubilden haben bislang nur wenige Unternehmen gewagt.

Ignoring the Structure

Eigenverantwortliche Systeme existieren ohnehin bereits – unter den Augen der Führungskräfte, deren Blick auf formale Strukturen gerichtet ist. Dabei sitzen die eigentlichen Entscheidungsträger und Einflüsterer oft ganz woanders. Während Manager auf die Frage, wie die Organisation aussieht, ein Organigramm aus der Schublade ziehen, das zeigen soll, wie Entscheidungen getroffen werden oder wer an wen berichtet, geben ihre Mitarbeiter vielfach andere Antworten. Das formelle Organisationsbild sagt oft erstaunlich wenig über die tatsächlich wirksamen Strukturen aus. Wo und von wem Entscheidungen beeinflusst oder gefällt werden, ist meist eher ein Ergebnis informeller, sozialer Prozesse als formaler Abläufe.

Zukunftsorientierte Führungsarbeit reagiert darauf nicht mit weiteren Organisationsveränderungen, sondern wesentlich smarter, indem Schneisen in tradierte Machtstrukturen geschlagen werden. Das Ziel: Formelle und informelle Organisationen aneinander anzugleichen, um die Effektivität zu steigern, Doppelgleisigkeiten zu vermeiden und Leerläufe zu verhindern. Kein einfaches Unterfangen, denn im Gegensatz zur formellen Organisation, die auf geplanten Schritten beruht, entwickeln sich informelle Strukturen emergent und diffus. Doch es führt kein Weg daran vorbei, das Bewusstsein dafür zu schärfen, um die eigentlichen Einflussgrößen für die Leistungsfähigkeit von Organisation zu verstehen.

Die Autorität zur Führung von Organisationen und Menschen wird ohnehin seit jeher von unten – also von den Mitarbeitern – verliehen. Wer Leadership als Joblevel versteht und kraft einer bestimmten Hierarchiestufe auszuüben versucht, ist jedenfalls zum Scheitern verurteilt. Warum also die Dialektik von Top-down vs. Bottom-up nicht gleich ganz auflösen und eine Organisationsform etablieren, in der die vertikalen Perspektiven von „oben" und „unten" nicht mehr entscheidend sind? Wer Mitarbeiter tatsächlich ins Zentrum stellen möchte, sollte sie nicht länger „mit-arbeiten" lassen, sondern ihr souveränes und selbstbewusstes Handeln unterstützen. Sollen sich Mitarbeiter nicht nur informell, sondern auch formell aktiv einmischen, gerade auch in Angelegenheiten, die ihre Job Description übersteigen, und eine weiter gefasste Perspektive einnehmen – idealerweise eine, die das gesamte Unternehmen umfasst –, müssen sie dazu kooperative Strukturen vorfinden.

Partizipation macht Sinn

Der Schlüssel dafür ist mehr Mut zur Partizipation. Wer eingebunden wird, übernimmt Verantwortung. Wer Verantwortung wahrnimmt, realisiert auch besser Veränderungs- und Reformbedarf – und setzt sich dafür ein, dass sich die Dinge in die richtige Richtung bewegen. Dazu kommt: Die notwendige Bürokratie zur Aufrechterhaltung des Betriebs sinkt, Menschen sehen mehr Sinn im eigenen Tun und können deutlicher und unmittelbarer einen Beitrag leisten. Gleichzeitig entsteht Orientierung, und das Engagement der Menschen steigt.

Das macht auch unter nüchterner Faktenlage Sinn: Die Experten vom Persönlichkeitstrainingsanbieter Dale Carnegie schätzen, dass weniger als ein Viertel aller Mitarbeiter in deutschen Unternehmen ihr volles Engagement zeigen; im Gegenteil sind 35 Prozent „disengaged", also nahe an der inneren Kündigung. Das Beratungsunternehmen Gallup schätzt die volkswirtschaftlichen Kosten aus innerer Kündigung auf bis zu 95 Milliarden Euro pro Jahr (Gallup 2015). Wer sich dagegen im Unternehmen engagiert, bleibt auch länger treu: 88 Prozent der hoch engagierten Mitarbeiter würden auch dann nicht den Betrieb wechseln, wenn ihnen ein 20 Prozent höheres Gehalt geboten würde (Dale Carnegie Austria 2014).

Zwischen engagierten, unternehmerisch denkenden Mitarbeitern und innovativen Unternehmen herrscht eine wissenschaftlich belegte hohe Korrelation. Unternehmen mit hoch engagierten Mitarbeitern schaffen mehr Output, haben loyalere Kunden und erwirtschaften insgesamt eine bessere finanzielle Performance. Firmen mit besonders stark engagierten Mitarbeitern erreichen zudem 4,5-mal mehr Umsatzwachstum als Unternehmen mit wenig engagierten Beschäftigten (Hay Group 2014).

Employee Citizenship

Im Kern von Partizipation stehen Teilhabe an Entscheidungen, gleichberechtige Gestaltung der Ausrichtung und Übernahme von Verantwortung für die getroffenen Beschlüsse. Damit ein solches Konzept Realität wird, muss den Mitarbeitern ein breites Spektrum von Rechten und Pflichten vor allem auch in strategischen Angelegenheiten übertragen werden. Denn anders als in reinen Bottom-up-Organisationen geht es nicht um eine Demokratisierung der Entscheidungsprozesse, sondern um tatsächliche Partizipation auf Augenhöhe.

Ein erster Schritt ist das Aufheben möglichst aller Informations- und Kooperationshemmnisse im Unternehmen: Daten- und Abteilungssilos müssen aufgebrochen werden, Fürstentümer abgeschafft und stattdessen transparente, offene Informations- und Kommunikationsplattformen etabliert werden.

Mitarbeiter-Engagement
Führungsstil als entscheidender Faktor für die Mitarbeiterbindung (Angaben in Prozent)

Emotionale Bindung
● Hoch ○ Gering ● Keine

Emotionale Bindung, die Mitarbeiter in Deutschland aufweisen:

Anteil der Mitarbeiter, die äußerst zufrieden mit dem Vorgesetzten sind:

Anteil der Mitarbeiter, deren Bedürfnisse (z.B. Anerkennung, Weiterentwickl., freundschaftl. Umfeld) erfüllt werden:

Anteil der Mitarbeiter, die ihren Chef sofort kündigen würden, wenn sie die Möglichkeit hätten:

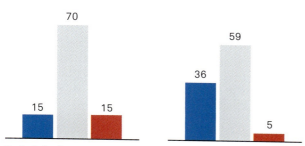
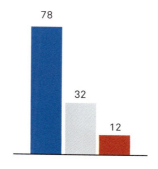
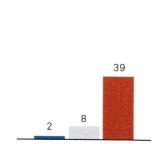

Quelle: Gallup Engagement Index Deutschland 2014

Um tatsächlich intellektuelles und emotionales Commitment zu Höchstleistungen zu fördern, also die Bereitschaft, sich im Job mit Herz und Hirn einzubringen, gehört allerdings deutlich mehr, nämlich vor allem ein sehr hohes Maß an Souveränität für Mitarbeiter. Denn erst die Übertragung von mehr Eigenverantwortung führt letztlich dazu, dass Mitarbeiter echtes „Employee Citizenship" ausüben. Eine Haltung, die über das aus der Organisationslehre bekannte Phänomen des „Organizational Citizenship Behaviour (OCB)" weit hinausgeht. Es geht nicht um freiwillige Mehrleistungen im Interesse des Unternehmens, die außerhalb der vereinbarten Pflichten des Mitarbeiters liegen, sondern im Gegenteil um eine Haltung, ein Denkmodell und Handlungsweisen, die sehr wohl gefordert werden. Schon alleine dadurch wird Arbeit sinnstiftend, da jeder Mitarbeiter seinen unmittelbaren Beitrag zum Unternehmenserfolg als Wert an sich erfährt.

Prinzip Selbstverantwortung
Ob das klappt, ist nicht nur eine Frage der Strukturen, die etabliert sind, sondern auch der Unternehmenskultur. Und es ist eine Frage des Menschenbildes, das sich

Führungskräfte zurechtgelegt haben. Es ist die Frage, ob man daran glaubt, dass Menschen in der Organisation bereit sind sich einzubringen und in der Lage sind, Entscheidungen zielführend zu treffen. Natürlich setzt das ein hohes Maß an Vertrauen voraus. „Vertrauen provoziert zwar eine gewisse Verletzlichkeit, ist aber ökonomischer als Kontrolle", sagt Organisationsentwicklerin Karin Weigl (Köttritsch 2015). Vertrauen ist nicht nur praktisch, es reduziert auch die Komplexität in Unternehmen.

Beispiele, aus denen man lernen kann, entstehen immer häufiger, denn das Prinzip Selbstverantwortung wird zunehmend in der Realität ausprobiert. Bereits mehr als ein Drittel der Unternehmen plant, seine Unternehmenskultur in Richtung stärkerer Mitarbeiter-Einbindung zu adaptieren, hat die Personalberatung Robert Half kürzlich festgestellt. Studienautor Sven Hennige nennt die beiden Faktoren, die von Führungskräften dazu als wesentlich angesehen werden: „Insbesondere die Kommunikation und die Wertschätzung, die beispielsweise durch die Einbindung in Entscheidungsprozesse erfahren wird, sind dabei zwei äußerst wichtige Faktoren."

Selbstbestimmtes Arbeiten

Das Maß an Selbstbestimmung ist dabei durchaus unterschiedlich. Es reicht von flexiblen Gestaltungsmöglichkeiten der Arbeitsprozesse und Arbeitsumgebungen, wie etwa Home Office, bis zu unbegrenzt bezahltem Urlaub. General Electric testet aktuell eine neue Unternehmensrichtlinie in einer bestimmten Führungsgruppe in den USA, um sie künftig auf weitere Mitarbeiter auszuweiten: man darf solange man will von der Arbeit fernbleiben – Hauptsache, die Leistung stimmt. In Zeiten von eng verwobenen Strukturen ist das keine Individualentscheidung mehr, sondern setzt Selbstorganisation auf Teamebene voraus.

Auflösung der Aufbauorganisation

Noch radikaler sind Ansätze, auch die Aufbauorganisation aufzulösen und die Entscheidungsarchitektur weitestgehend partizipativ zu gestalten. So hat etwa das traditionsreiche Technikunternehmen Tele Haase seine Organisation radikal umgebaut, sich vom Management getrennt und setzt stattdessen darauf, dass Mitarbeiter Verantwortung übernehmen. An die Stelle eines pyramidenartigen Org-Charts treten Mitarbeiter in sechs Gremien zusammen und bestimmen über die Geschicke des Unternehmens: Innovation, Umwelt, Marketing und Vertrieb, Geschäftsplan, Organisation sowie Qualitätssicherung. Der Strukturumbau bei Tele Haase ist noch nicht abgeschlossen, schon jetzt steht aber fest: Die Mitarbeiter fühlen sich wertgeschätzt und können sich nur schwer vorstellen, wieder in eine Firma mit klassischer Hierarchie zu wechseln.

Jeder wird zum Chef

Auch dem Hamburger Obsthändler Andreas Schindler kam das Prinzip seltsam vor, dass seine 30 Mitarbeiter zwar viele Dinge besser können als er selbst, aber dennoch vor allem nur seine Ideen umsetzen sollten. Daher hat er seine Firma Don Limón in eine „Plattform für Quasi-Chefs" verwandelt, in der die Mitarbeiter die Entwicklung treiben und selbst entscheiden, was sinnvoll ist.

Die Beispiele zeigen: Es kommt auf den richtigen Mix an, der unternehmensspezifisch zu interpretieren ist. In innovationsgetriebenen Branchen ist eine Dynamisierung der Strukturen wichtiger als in stabilen Branchen. Eines ist jedoch recht sicher: Die theoretische Gefahr, zu viele Freigeister im Unternehmen zu beschäftigen, ist in der Praxis gering.

Leadership als Dienst am Mitarbeiter

Wie weit auch immer man in der Implementierung von Partizipation geht, jedenfalls wandelt sich Führen von einer im buchstäblichen Sinne richtungsweisenden Aufgabe zu einer dienenden. Leadership wird zum Dienst am Mitarbeiter, um ihn in die Lage zu versetzen, nicht nur Klarheit zu seiner eigentlichen Aufgabe, individuellen Leistung und persönlichen Entwicklung zu haben, sondern um ihn darüber hinaus in die Lage zu versetzen, Einfluss zu nehmen.

Leichter wird Führungsarbeit dadurch nicht. Es ist persönlich fordernd, die Grenzen der eigenen Wirksamkeit anzuerkennen, nicht der positionsimmanenten Eitelkeit – oder, noch schlimmer: Hybris – zu verfallen und stattdessen Mitarbeitern weitreichende Gestaltungs- und Mitbestimmungsmöglichkeiten einzuräumen. Hinzu kommt: Souverän agierende Mitarbeiter zu führen ist anspruchsvoll, und vieles an partizipativem Führen ist noch unerforschtes und unerprobtes Terrain, für das Führungskräfte nicht oder nur unvollständig ausgebildet sind. Umso wichtiger ist es, dass sie sich auf ein stabiles persönliches Grundgerüst an Werten und Haltungen stützen können und in der Lage sind, durch das Gestalten einer entsprechenden Unternehmenskultur Orientierung und Sinn zu stiften. Führen bedeutet in diesem Kontext immer weniger, Hoheit über strukturelle oder fachliche Prozesse zu besitzen, sondern auf normativer Ebene zu wirken: über Verhalten, Interaktionen, Symbole und das beispielgebende Vorleben.

Denn natürlich hat eine mit vielen Freiheitsgraden ausgestattete Organisation ein hohes Zerstreuungspotenzial. Richtungsweisend kann in einem solchen System allerdings nicht mehr ein enger Korridor an Budgetplänen und minutiösen Zielvorgaben sein. Die verbindende Kraft muss aus dem Kohärenzfaktor der gelebten Unternehmenskultur geschöpft werden.

02

ENABLING LEADERSHIP
LEADERSHIP TRENDS

Unternehmen werden künftig nicht mehr geführt, indem hoch an der Spitze der Kapitän und seine Brücken-Crew den Blick in die Zukunft richten und das Ruder fest in der Hand haben. Stattdessen können – ja müssen! – Führungskräfte organisatorisch und inhaltlich Rahmenbedingungen schaffen, damit sich die Mitarbeiter selbst organisieren können: Leadership bedeutet Ermöglichen.

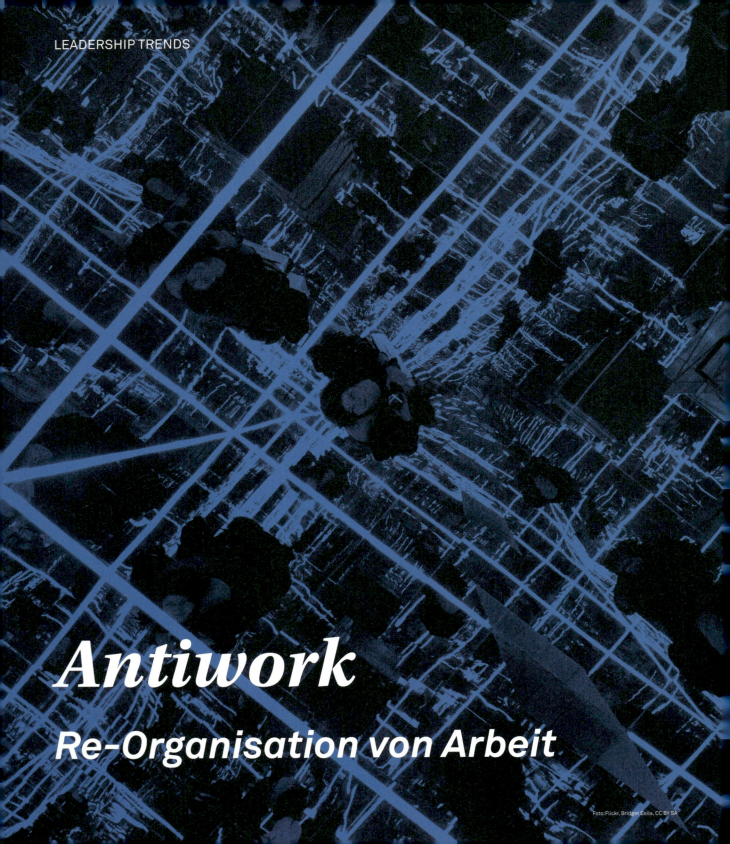

Antiwork

Re-Organisation von Arbeit

03

ANTIWORK
LEADERSHIP TRENDS

Antiwork beschreibt eine moralische Alternative zu unserer gegenwärtigen Job-Obsession und stellt das Prinzip der Arbeit von Grund auf in Frage. – Ein Manifest.

Work-Life-Balance will Arbeit und Freizeit in Einklang bringen, Schlagworte wie Bleisure (siehe auch Leadership Report 2015) oder Work-Life-Blending beschreiben die zunehmende Verschmelzung von Arbeits- und Privatleben. Vielleicht ist es aber an der Zeit, diese Vorstellungen kompromissloser zu hinterfragen und als Konsequenz Arbeit und Freizeit völlig neu zu denken. Der britische Publizist Brian Dean spricht sich in seinem Artikel „Antiwork" für einen „radikalen Wandel, wie wir ‚Jobs' sehen" aus. Er definiert Antiwork als „Projekt, um Arbeit und Freizeit radikal zu re-organisieren. Eine kognitive Gegenmacht zu jener ‚harten Arbeit', die als Resultat calvinistischer Arbeitsethik unser Bewusstsein und unsere Zeit prägt."

Work hard and be creative!
Denn selbst in der heutigen Zeit, in der wir von Kreativ- und Wissensarbeitern sprechen und in der abzusehen ist, dass viele Routinejobs automatisiert werden können, denken wir noch immer in diesen Kategorien. Der Protestantismus machte aus den Menschen harte Arbeiter: Nur wer in seinem Leben schuftet, verdient sich auch ein besseres Leben im Jenseits. Und wer nichts tat, wurde zuerst bemitleidet und dann vom kapitalistischen System verachtet. Faulenzer werden nicht geduldet.

Dieses Verständnis von Hard Work prägt bis heute viele Unternehmen – Führungskräfte wie Mitarbeiter gleichermaßen. Knapp 30 Prozent der Deutschen zählen laut dem Kompass Neue Arbeitswelt 2015 von Xing noch zum Arbeitstyp Blue Collar, der nur wenige Freiräume in seinem Arbeitsalltag genießt. Dass Arbeit jene Leidenschaft ist, die sich selbst bezahlt, erweist sich für viele weiterhin als sozialromantische Illusion der Kreativökonomie. Und auch das Kreativsein – stellt sich nach einiger Zeit heraus – ist nicht so leicht, sondern mit harter Arbeit verbunden. Eine unübersehbare Fülle an Produktivitäts-Ratgebern, -Tipps und -Apps gibt Zeugnis darüber ab, dass auch unter großen Freiheitsgraden die tollen Eingebungen nicht einfach so zugeflogen kommen, sondern anstrengend erarbeitet werden müssen. Die Folge: Beinahe jeder fünfte Manager in Deutschland zeigte bereits die Symptome eines totalen Erschöpfungszustands, jeder zweite sorgt sich darum, im Laufe seiner Karriere einen Burn-out zu erleiden (Baumann 2014).

" *Antiwork ist die kognitive Gegenmacht zu jener ,harten Arbeit', die als Resultat calvinistischer Arbeitsethik unser Bewusstsein und unsere Zeit prägt.*

BRIAN DEAN

Neue Beziehungsnetzwerke
Freizeit und Arbeit sind eins – doch immer wieder wird versucht, die Lebensbereiche voneinander zu trennen, denn diese Vermischung verursacht nicht selten auch großen Stress. Denn auch wenn es wohl keinen Schritt zurück in eine nicht-vernetzte Welt mehr geben wird, brauchen Menschen Zonen der Ruhe, Orte der Stille und Zeitpunkte des Nicht-Arbeitens. Gerade für Kreativarbeiter eine Herausforderung: das Gehirn lässt sich schließlich nicht teilweise abschalten. Abseits von Gejammer und Angst vor dem Burn-out-Syndrom gibt es auch spannende neue Konzepte, die optimistisch mit dem Thema Antiwork experimentieren. Die Installation „Das Haus" des Designerduos Doshi und Levien zum Beispiel,

das mit der architektonischen Integration von Leben und Arbeiten in einem einzigen „Haushalt" spielt (*www. doshilevien.com/projects/das-haus*).

Die Trennung von Arbeitsplatz und Lebensraum ist nämlich keinesfalls selbstverständlich, sondern eine Erfindung der Moderne. „Zur Arbeit fahren" muss nur, wer nicht vor Ort über seine Produktionsmittel verfügt. Vor der Industrialisierung war es in Europa vollkommen üblich, im selben Haus mit denselben Menschen als Familie zusammen zu leben und zu arbeiten, was natürlich auch mit einem ganz anderen Konzept von sozialen Netzwerken und Beziehungen einherging. In Zeiten der Digitalisierung wird Arbeit nicht nur von Zeit und Ort entgrenzt, sondern erfindet auch vormoderne Beziehungsnetzwerke neu. Neue Formen des gemeinschaftlichen Arbeitens etablieren sich, die sich vom Modell der lebenslangen Kollegenschaft und des festen Arbeitsplatzes gelöst haben. Kurzfristiges, projektbasiertes Arbeiten Seite an Seite liegt im Trend – eine Form von Zusammenarbeit, die bei Erreichen des Ziels auch schmerzfrei beendet werden kann. Die Professorin für Kulturtheorie Gesa Ziemer bezeichnet diese neue Form der Kollaboration auch treffend als „Komplizenschaft".

Antiwork als Gegenentwurf zur Labor-Illusion
Das Konzept von Arbeit als mehr oder weniger notwendig auferlegte Mühsal des Lebens führt zu geradezu paradoxen Effekten. In einem Experiment der Harvard Business School wurde gezeigt, dass Menschen beim Bedienen einer Flugbuchungs-Webseite lieber 60 Sekunden lang einem sich aufbauenden Fortschrittsbalken zusehen, als sofort Ergebnisse geliefert zu bekommen. Wir schätzen nicht nur das Resultat der Arbeit, sondern vor allem auch den Aufwand. Wir fragen uns auch, ob Dienstleister, die im Handumdrehen eine Aufgabe verrichten (und schlimmstenfalls auch noch Freude an ihrem Tun haben), ebenso hoch bezahlt werden sollten wie jemand, der sich stundenlang dafür abmüht. Das Ergebnis ist das gleiche, aber Arbeit hat gefälligst weh zu tun. Damit muss Schluss sein, wenn wir in eine lohnende Zukunft blicken wollen. Ein Drei-Stunden-Arbeitstag, an dem spannende neue Ideen entstanden sind, ist produktiver

Ohne Sinn geht gar nichts
Was der Generation Y wichtig ist

95%
wollen viel Zeit mit
Familie und Freunden
verbringen

85%
wollen sich ethisch
verhalten

78%
wollen einen Mehr-
wert für die
Gesellschaft leisten

73%
wollen mit ihrer Arbeit
Geld verdienen

71%
wollen nach Beendigung
der Arbeit nicht mehr
erreichbar sein
müssen

60%
wollen mit ihrer Arbeit
Menschen helfen und
die Welt verändern

100%

57%
wollen eine freie
Einteilung ihrer
Arbeitszeit

Basis: Befragung von 3.633 Studierenden und Absolventen in Deutschland
Quelle: Medienfabrik embrace: Karriere trifft Sinn 2014

Spaß ist für die Generation Y ein wichtiges Arbeitskriterium

als ein 12-Stunden-Tag voller mühsamer Meetings ohne wirkliche Ergebnisse. Intellektuell leuchtet uns das ein, emotional ist es noch nicht angekommen.

Generation Y sind Antiworker

Die Generation Y verbreitet eine neue Netzwerk-Mentalität. Ihre Grundprinzipien lauten: Nutzen ist wichtiger als Besitzen, Zugang ist wichtiger als Eigentum und Geld spielt eine geringere Rolle als Leistung, Wissen oder Kreativität. Sie teilen die Werte, die den Trend zum Antiwork bestimmen. Laut der Studie „Karriere trifft Sinn" der Agentur für Employer Branding, Personalmarketing und Recruiting Medienfabrik embrace lehnen 86 Prozent der Befragten (Durchschnittsalter: 23 Jahre) Arbeitgeber ab, die primär auf Gewinnmaximierung aus sind. Stattdessen erwarten sie von Unternehmen eine Haltung, die auf langfristige und stabile Erträge setzt. Dabei sollte die Orientierung an den jungen Hochtalentierten nicht den Blick darauf verstellen, welche Diskussionen die Generation Y beim Rest der Belegschaft ausgelöst hat. Auf die ursprünglich ablehnende Haltung der hart Arbeitenden gegenüber der Anspruchsgeneration – nach dem Motto: „Die sollen erst mal etwas leisten" – hat sich schleichend

ein zustimmendes Nicken eingestellt. Ganz so falsch wäre eine Arbeitswelt eben doch nicht, die nicht Frondienst und grenzenlosem Wachstum nacheifert, sondern sinn-stiftendes Wirtschaften und Leben im Blick behält.

Abschied von Bullshit-Jobs

Antiwork ist auf den ersten Blick eine Verweigerung und ein Protest gegen die aktuelle Arbeitswelt: Wichtig ist auszu-drücken, wie wir nicht arbeiten möchten. Die von dem Anthropologen David Graeber beschriebenen Bullshit-Jobs, die eine sinnlose Form von täglicher Arbeit darstellen, werden abgelehnt. Diese beinhalten meist repetitive, administrative Aufgaben, die vor allem dazu dienen, „andere Arbeitnehmer zu kontrollieren oder Eigentum zu bewachen", so Graeber (Flück 2015). Anfang 2015 kam es in den Londoner U-Bahnen zu einer illegalen Guerilla-Aktion mit Plakatsprüchen, die die Pendler zum Nachdenken über den Sinn ihrer Arbeit bringen sollten – nicht nur in London ein großer Erfolg, sondern dank Social Media weltweit. Aufrütteln ist das Motto, um letztendlich zu einer neuen Form von Arbeit zu kommen: Antiwork soll um ihrer selbst willen getan und wertgeschätzt werden und nicht als reines Mittel zum Zweck gesehen werden.

03

ANTIWORK
LEADERSHIP TRENDS

Antiwork ist das moralische Konzept, das der Sharing Economy, dem Trend des Social Entrepreneurship und des Coworking zugrunde liegt. Soziales Engagement und Volunteering bereichert das Leben von immer mehr Menschen und stärkt die Gesellschaft – viel mehr, als es „normale" Jobs tun. Antiwork entsteht dort, wo Tätigkeit und Muße, Engagement und Talent ineinander übergehen, wo Arbeit Kontemplation wird und sich von den Gesetzen des Geldes verabschiedet. Das Prinzip der selbstbestimmten Arbeit lässt Menschen Verantwortung übernehmen, aber auch darüber nachdenken, wer sie sein wollen. So wird Arbeit wieder zu einer ganzheitlichen Tätigkeit.

Digital Economy

Wie die Digitalisierung Wirtschaft und Unternehmen verändert

In jeder Sekunde eines durchschnittlichen Tages wird heute mehr Information über das Internet ausgetauscht, als vor 20 Jahren im gesamten Internet überhaupt gespeichert war. Der Handelsriese Walmart erfasst Kundendaten im Umfang von 50 Millionen Aktenschränken – pro Stunde (McAfee/Brynjolfsson 2012). 3D-Druck ermöglicht es, ein Objekt zu erschaffen, genauso einfach wie es ist, ein Dokument auszudrucken. Autos fahren selbstständig und steuern umsichtiger und unfallfreier durch das Verkehrsgewusel als menschliche Fahrer. Androide stehen kurz davor, schlau und empathisch zu agieren, und KI-Systeme treffen Entscheidungen besonnener und genauer, als Menschen es jemals könnten.

Man muss kein Apokalyptiker sein, um die gravierenden Folgen für Wirtschaft und Gesellschaft vor Augen zu haben. Andererseits ist auch eine Mythologisierung von Technologie als Heilsbringer unangebracht. Bei genauerem Blick erkennt man, dass die bevorstehenden Veränderungen durch die Digitalisierung nicht nur rein technischer Natur sind: Die Kombination von rasant gestiegener Computerleistung, Vernetzung von Rechnern untereinander und mit realen Gegenständen sowie einer neuen Perspektive von Unternehmen und Kunden schafft einen qualitativen Sprung. Soziale und wirtschaftliche Innovationen sind mehr als reine Erfindungen, entscheidend ist die Anwendung der Erfindung in betrieblichen Prozessen und im Alltag der Kunden. Es ist also nicht die Technologie an sich, die alles verändert, sondern die Menschen – als Bürger, Konsumenten, Mitarbeiter und als Führungskräfte.

Die fraktale Natur des Internets bringt es mit sich: Wir stehen am Anfang und kratzen erst an der Oberfläche der Potenziale, die uns die Digitalisierung eröffnet. Vor etwa 250 Jahren setzte eine rasante Beschleunigung mit einer exponentiellen Entwicklung ein. Eine Explosion des Wissens und enormer technischer Fortschritt waren Ausgangspunkte für die bislang drei Wellen der industriellen Revolution. Jede Welle brachte ein neues Zeitalter mit sich – und die aktuelle vierte Welle wird dem in nichts nachstehen. Im Gegenteil: Was noch unlängst Science-Fiction war, wird plötzlich unseren Alltag bestimmen, unsere Lebensweise beeinflussen und die Arbeitswelt verändern.

Die Fragen der Zukunft lassen sich nicht mit den Methoden der Vergangenheit beantworten, daher braucht es angesichts der digitalen Revolution ein neues Verständnis von Unternehmensführung. Denn Leadership 3.0 genügt angesichts des bevorstehenden Vulkanausbruchs des digitalen Industriezeitalters 4.0 nicht mehr.

Digital Landscape
Die Vermessung der neuen Welt

Man überschätzt, was innerhalb eines Jahres machbar sein wird.
Und man unterschätzt, was innerhalb von zehn Jahren machbar sein wird.

Bill Gates

Die Beschleunigung der Entwicklung ist förmlich spürbar: Kaum eine Woche vergeht, in der nicht Hardware- und Software-Prototypen mit erstaunlichen neuen Fertigkeiten vorgestellt werden, die Berichterstattung zur digitalen Revolution nimmt kein Ende.

In unserer Landkarte der digitalen Veränderung zeigen wir die zehn wichtigsten Entwicklungsfelder auf und benennen mögliche Konsequenzen. Der Leitstrahl dabei: Technologien, die heute bereits verfügbar sind oder unmittelbar an der Schwelle zum Durchbruch stehen – und schon für sich betrachtet Potenzial haben, ganze Branchen in ihren Grundfesten zu erschüttern. Umso tiefschürfender werden die Veränderungen sein, die aus der Vernetzung der Themengebiete entstehen.

2. Big Data – Smart Data

3. Machine Learning &
Artificial Intelligence (AI)

1. Internet der Dinge

4. Natural User
Interfaces

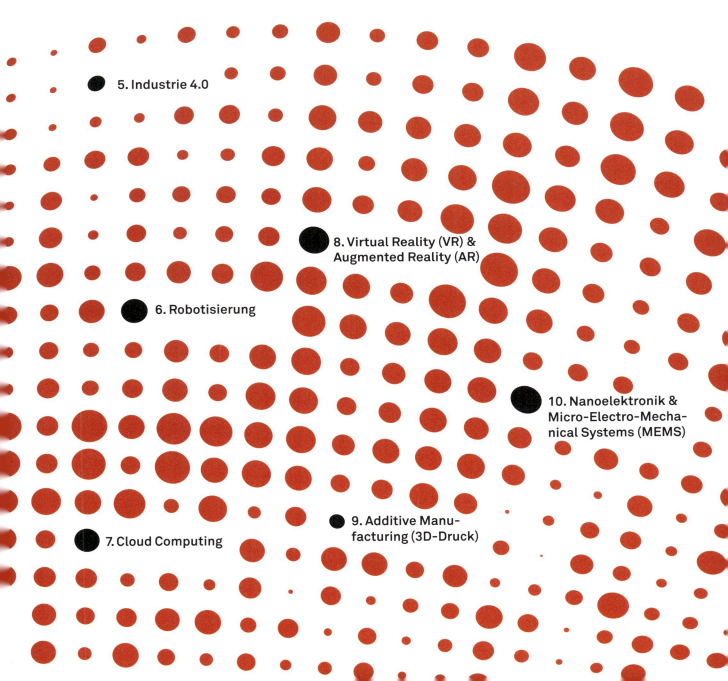

5. Industrie 4.0

8. Virtual Reality (VR) &
Augmented Reality (AR)

6. Robotisierung

10. Nanoelektronik &
Micro-Electro-Mecha-
nical Systems (MEMS)

9. Additive Manu-
facturing (3D-Druck)

7. Cloud Computing

IoT: Internet der Dinge

Eigentlich müsste es Internet *aller* Dinge heißen, schließlich geht es um nichts weniger als die Vernetzung möglichst aller Gegenstände der realen, physischen Welt mit der digitalen Sphäre. M2M (Machine-to-Machine-Communication) sorgt dafür, dass die Einzelteile dieser cyber-physikalischen Systeme ganz von alleine miteinander sprechen.

Konsequenzen

IoT ist in seiner Tragweite eines der breitesten Felder der digitalen Revolution. Beinahe alle Bereiche des privaten, beruflichen oder öffentlichen Lebens werden künftig mit Sensoren ausgestattet: Home Automation vernetzt Wohnung und Einrichtungsgegenstände, Wearable Computing unsere Kleidung, Connected-Car-Lösungen verbinden Verkehrsmittel etc.

Beispiele

- Fitnessausstatter Myontec liefert mit der Laufhose „Mbody" eine klassische Wearable-Computing-Anwendung: Die Hose misst die Muskelaktivität von Sportlern und gibt auf dem Smartphone Tipps, wie man sich verbessern kann.

- In Smart Citys erkennen Ampelanlagen die Anzahl der aktuell fahrenden Autos und ihre Geschwindigkeit und schalten entsprechend, um Staus zu vermeiden – oder gewähren, wie etwa im britischen Newcastle, Ambulanzfahrzeugen Verkehrspriorität.

Key Player

- Cisco
- Intel
- ARM
- GE
- Qualcomm

Foto: Flickr, German Aerospace Center, CC BY

Prognose

In den kommenden Jahren ist mit einer explosionsartigen Entwicklung bei der Vernetzung von Gegenständen zu rechnen. Größte Hürde ist vorläufig die fehlende Interoperabilität: Noch ringen die unterschiedlichen Hersteller um ihre Vormachtstellung, was dazu führt, dass nicht jedes Device von anderen „verstanden" wird. In den nächsten Jahren wird sich die babylonische Sprachverwirrung zugunsten einer Marktkonsolidierung auf der Basis einer oder weniger gemeinsamer Plattformen auflösen. Erste Initiativen dazu sind im Entstehen, etwa von der AllSeen Alliance unter der Führung von Qualcomm oder dem von Intel gegründeten Open Interconnect Consortium.

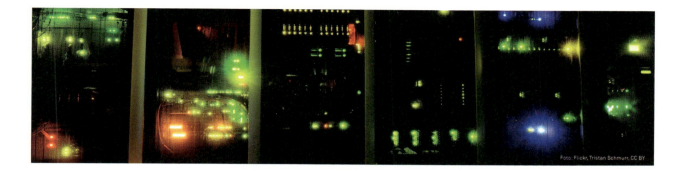

Foto: Flickr, Tristan Schmurr, CC BY

Big Data – Smart Data

Daten sind das neue Gold – dieser Leitsatz hat in alle Branchen Einzug gehalten. Durch computergestütztes Sammeln, Vernetzen und algorithmisches Auswerten riesiger Datenmengen entstehen Ergebnisse, die in ihrer Fülle und Komplexität durch Menschen alleine nicht lieferbar wären.

Konsequenzen

Big Data führt zu einem Wandel im Denken – zunächst zur Erkenntnis statistischer Zusammenhänge, ohne die Gründe dafür zu verstehen: Korrelation statt Kausalität. Das könnte langfristig verändern, wie Menschen Probleme lösen.

Beispiele

- Second Spectrum, ein Start-up aus Kalifornien, analysiert die Spielverläufe mehrerer Basketball-Saisons bis ins kleinste Detail. Die Ergebnisse fließen in Spielstrategien und Spielerbewertungen ein. Unter dem Schlagwort People Analytics soll künftig auch im Personalwesen mit Computern das Potenzial von Mitarbeitern objektiv eingeschätzt werden, anstatt dies dem subjektiven Urteil menschlicher Führungskräfte zu überlassen.

- Mehr als ein Dutzend europäische Banken haben ihre alten, statischen Statistikmodelle durch Big-Data-Systeme ersetzt. Das Ergebnis seien laut McKinsey durchschnittlich zehn Prozent mehr verkaufte Finanzprodukte bei um 20 Prozent geringeren Kosten.

Key Player

- SAP
- Oracle
- Salesforce.com
- SAS
- Tableau Software

Prognose

Aus riesigen Datenmengen wirklich nützliche Erkenntnisse zu ziehen, ist deutlich mühsamer, als viele Unternehmen in der ersten Big-Data-Euphorie angenommen haben. Zukünftige Smart-Data-Systeme werden daher nicht nur Analyseergebnisse bereitstellen, sondern als kognitive Partner des Menschen agieren, den aktuellen Kontext richtig einschätzen und mittels prognostischer Verfahren zielgenaue Perspektiven ermöglichen. Um aus Big Data Smart Data zu machen, sind technologische und unternehmerische Kompetenzzuwächse nötig.

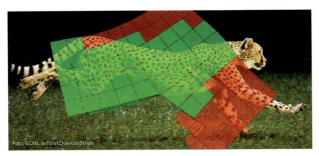 

Foto: CCML softbotCheetahStride

Machine Learning & Artificial Intelligence (AI)

Ob Maschinen wirklich jemals intelligent im menschlichen Sinne sein können, ist eine jahrzehntealte Diskussion unter Informatikern und Philosophen. Der aktuelle Entwicklungsstand wird als Weak AI oder Artificial Narrow Intelligence bezeichnet: Maschinenintelligenz, die auf einem eingeschränkten Gebiet die menschliche Kapazität erreicht oder übertrifft, etwa beim Schach. Doch die Fortschritte sind enorm. Machine Learning erlaubt es Systemen erstmals, nicht nur menschliches Verhalten verblüffend ähnlich zu imitieren, sondern tatsächlich zu lernen, Schlussfolgerungen zu ziehen und letztlich originäre eigene Ideen zu entwickeln.

Konsequenzen
Realistisch ist auf lange Sicht sowohl die Heranführung von IT an ein „menschlicheres" Verhalten als auch die Unterstützung höchst komplexer Aufgaben mithilfe von AI-Systemen.

Beispiele
- IBM setzt seinen Supercomputer Watson dazu ein, neue Medikamente zu entwickeln. Ein Prozess, der interdisziplinäres Wissen aus Chemie, Biologie, Toxikologie und Medizin verlangt und aktuell enorm aufwändig und teuer ist. IBM erwartet, Kosten und Entwicklungszeiten dramatisch zu senken.

- Überall dort, wo große Datenmengen auf überaus komplexe Zusammenhänge treffen, übersteigen die prognostischen Fähigkeiten von Computern längst menschliche Fähigkeiten, etwa bei der Wettervorhersage oder der Exploration von Bodenschätzen.

Key Player
- Alle großen Hardware- und Software-Hersteller arbeiten fieberhaft am Thema AI: IBM (Watson), Microsoft (Projekt Adam), Google (Brain)
- Auf Advanced Analytics spezialisierte Anbieter: RapidMiner, Alteryx
- Universitäre und private Forschungseinrichtungen: MIT, Xerox XRCE

Prognose
Maschinen sind schon heute schneller, stärker und belastbarer als wir, es ist nur eine Frage der Zeit, bis sie auch klüger als wir sein werden. In Zukunft wird AI nicht mehr auf einzelne Themengebiete beschränkt bleiben, sondern durch kleine Anwendungen natürlich in unseren Alltag einfließen. AI wird in der Praxis aus Services bestehen, die wir nutzen wie andere auch.

Natural User Interfaces

Die Tatsache, dass wir hauptsächlich mit unserem Seh- und Tastsinn mit Computern in Interaktion stehen, gehört schon bald der Vergangenheit an. Mit der permanenten Durchdringung des Alltags mit IT (Ambient Computing) verändert sich auch unsere Schnittstelle: Sprache, Gestik, bis hin zur direkten Kopplung runden künftig unseren Umgang ab.

Konsequenzen

Computer werden noch viel selbstverständlicher in unseren Alltag integriert sein, es wird keine Einstiegshürde mehr im Umgang mit IT geben. Der unmittelbare Anschluss zwischen Mensch und Maschine erlaubt viel direkteren und präziseren Zugriff auf Daten und Informationen – für beide Seiten.

Beispiele

- Computerspiele sind mit Motion Controllern wie Microsoft Kinect ausgestattet. Virtuelle Assistenten wie Apple Siri ermöglichen eine Steuerung mit natürlicher Sprache. Tastatur, Maus und Joystick sind überflüssig. Hinzu kommt: In der Kombination von Sprachverstehen und Echtzeit-Übersetzung ergibt sich die Auflösung sprachlicher Grenzen.
- Cochlea-Implantate sind Hörprothesen für Gehörlose, die direkt an das Nervensystem angekoppelt sind. Dr. John Pezaris forscht an der Harvard Medical School zu vergleichbaren Devices als Augenersatz.
- Wissenschaftler am Berliner BBCI erforschen die Dekodierung von Gehirnsignalen für die Steuerung von Computern durch Gedanken.

Key Player

- Hardware-Anbieter: alle Device-Hersteller – Apple, Microsoft, Sony, HP
- Bionics-Spezialisten
- Private und öffentliche Forschungsinstitute: MIT

Foto: © Nest Labs

Prognose

Die Grenzen zwischen Mensch und Maschine verschwimmen immer mehr. Mit Computern sprechen, sie durch unsere Augen sehen und hören lassen und ihre Outputs direkt in unsere Gedanken gespeist bekommen, das verändert nicht nur unseren Umgang mit IT, sondern auch ganze Wirtschaftszweige.

Industrie 4.0

Die vierte industrielle Revolution ist der Überbegriff für die gesamte digitale Transformation aus wirtschaftlicher Perspektive. Im engeren Sinne die nahtlose Vernetzung von Menschen, Produkten und Maschinen im Rahmen industrieller Prozesse – vom Entwurf bis zur Produktion in der Smart Factory.

Konsequenzen

Neben geradezu klassischen Folgen wie Effizienzsteigerungen (z.B. durch optimierte Abläufe, gezielt gesetzte Wartungszeitpunkte etc.) und Kostenreduktion steht vor allem die Produktionsflexibilität im Mittelpunkt. Das Ziel: Maximale Individualisierung, die sogenannte „Losgröße 1", trotz Prozessen und Kosten wie in der Serienfertigung.

Beispiele

- Im Bosch-Werk Feuerbach ist ein Instandhaltungssystem für die Maschinen im Einsatz, das selbstständig Ersatzteile oder Service-Techniker anfordert.
- Der italienische Nahrungsmittelhersteller Barilla arbeitet an Teigpatronen, mit denen Restaurants individuelle Pasta für ihre Gäste produzieren können.
- Auch außerhalb der Fabrik kommt Industrie 4.0 zum Einsatz: SK Solutions koordiniert mithilfe einer neuen Plattformlösung Kräne und andere Maschinen auf Baustellen. Eingebaute Sensoren sammeln Echtzeitdaten für die Live-Analyse; Bewegung und Steuerung der Baustellenperipherie werden daraufhin automatisch angepasst, um Unfälle und Kollisionen zu verhindern.

Key Player

- Maschinen- und Anlagenbauer, Industrie-Automations-Unternehmen: Siemens, Festo
- Geschäftsprozess-Lösungen: Software AG
- Integratoren: CSC

Prognose

Industrie 4.0 läutet eine neue, vernetzte und intelligente Ära in der Fertigung ein. Laut PwC wollen bereits in fünf Jahren 80 Prozent der Industrieunternehmen ihre Wertschöpfungskette digitalisiert haben. Industrie 4.0 bietet die unausweichliche, grundlegende Infrastruktur für eine digitalisierte Wirtschaft.

Foto: BASF

Robotisierung

Ihren sprachlichen Ursprung aus dem „Frondienst" haben Roboter hinter sich gelassen. Als Industrieroboter sind computergesteuerte Maschinen bereits Alltag. Doch ihre Qualität steigt und die Anwendungsgebiete werden vielfältiger.

Konsequenzen

Roboter versprechen Autonomiegewinne: Wir werden von Aufgaben entlastet, gleichzeitig verdrängen sie Menschen aus angestammten Rollen. In der Fertigung werden Roboter künftig noch größere Bedeutung erlangen. Überall dort, wo Roboter über reine Automatisierung hinausgehen und etwa auch kommunikative und kognitive Aufgaben im Alltag übernehmen, werden wir uns an ein Mit- und Nebeneinander mit intelligenten Maschinen gewöhnen.

Foto: Behrens/ZVEI

Beispiele

- Der an der TU Wien entwickelte Hilfsroboter Hobbit soll Senioren als bezahlbarer mobiler Heimassistent dienen. Zahlreiche ähnliche Anwendungsbeispiele existieren weltweit. So kann die neue Version des bekannten humanoiden Roboters Asimo von Honda mittlerweile in Gebärdensprache kommunizieren und einfache Haushaltsaufgaben verrichten.
- Auch Google Car und andere selbstfahrende Autos sind Roboter im weitesten Sinne. Die Amazon-Tochter Kiva baut Roboter-Lagerhäuser, die vollständig mit Maschinenschwärmen betrieben werden, während Seegrid konventionelle Gabelstapler seiner Kunden auf Roboter umrüstet und in bestehenden Lagern einsetzt.

Key Player

- Traditionelle Industrieroboter-Hersteller: ABB, Caterpillar, Mitsubishi
- Robotics-Spezialisten: Boston Dynamics, Autonomous Solutions, Future Robot

- Consumer-Robots-Anbieter: Brain Corporation, Dyson, iRobot, Parrot
- Humanoid Robotics: Honda, Kawada
- Bionische Exoskelette: Festo, Ottobock, Ekso Bionics, Open Bionics

Prognose

In der unmittelbaren Zukunft werden Roboter vorerst auf industrielle Anwendungen beschränkt bleiben, als Monteure am Fließband und als nicht vordergründig mit dem Begriff Roboter assoziierte Devices, wie etwa Staubsauger oder Drohnen. Doch sie drängen zunehmend in alle Lebens- und Produktionsbereiche, ob als Haushalts- oder Erntehelfer oder menschenähnliche Bots in der Altenpflege. Wie sich das Verhältnis zwischen Mensch und Maschine verändert, liegt nicht mehr an der Technologie, sondern daran, was wir zulassen wollen. Die Diskussion über den gesellschaftlichen Umgang mit den intelligenten Maschinen wird die kommenden Jahre maßgeblich prägen.

Foto: Flickr, George Thomas, CC BY

Cloud Computing

Rechenleistung aus der Wolke: IT-Services müssen nicht mehr vor Ort, sondern können über das Internet zur Verfügung gestellt werden.

Konsequenzen

Cloud Computing führt zu einer Demokratisierung von Rechenleistung, indem es Unternehmen unabhängig von ihrer Größe erlaubt, auch sehr komplexe IT-Infrastrukturen zu betreiben, die bislang nur Konzernen vorbehalten waren. Gleichzeitig ermöglicht die Wolke die Bündelung enormer Rechenleistung und damit die Schaffung virtueller Großrechner für besondere Anforderungen (etwa: Spitzenzeiten) oder rechenintensive Aufgaben (etwa: Artificial Intelligence).

Beispiele

- Zahllose Einsatzbereiche: Vom Speichern der eigenen Daten in der Wolke (Dropbox), über die Inanspruchnahme von Programmen, ohne sie zu installieren (Google Apps), bis zu umfassenden Rechenzentrums-Plattformen (Amazon EC2 und S3).

- Das dem Cloud Computing zugrundeliegende Wirtschaftsprinzip wird auch auf andere, nicht IT-lastige Felder übertragen. So wird von der Human Cloud gesprochen, wenn menschliche Dienstleistungen über Online-Marktplätze dynamisch abgerufen werden.

Key Player

- Google
- Amazon
- Microsoft
- Rackspace
- Telekommunikationsanbieter

Prognose

Cloud Computing hat einen Wandel im Konsum von IT-Leistungen eingeläutet und den Fokus von Besitzen auf Benutzen gelenkt. Das verändert sowohl Anbieterseite als auch die Art, wie Privat- und Firmenkunden digitale Services in Anspruch nehmen. Die vor allem im deutschsprachigen Markt vorherrschenden Zweifel bezüglich Verfügbarkeit und Sicherheit beginnen zu bröckeln, der Markt und die Anbieter sind ausreichend ausdifferenziert. Cloud Computing wird zur selbstverständlichen Praxis bei der Nutzung von IT.

Virtual Reality (VR) & Augmented Reality (AR)

Augmented Reality überlagert die wirkliche, physische Welt mit digitalen Zusatzinformationen, bspw. das in die Frontscheibe eingeblendete Navigationssystem. AR erweitert somit die Wahrnehmung des Menschen. Virtual Reality ersetzt dagegen für den Benutzer die wirkliche Welt durch eine künstliche, üblicherweise durch sogenannte VR-Brillen. In der Industrie werden sowohl stereoskopische 3D-Wände als auch Mehrseitenprojektionen zum vollständigen Eintauchen in die grafische Simulation genutzt.

Konsequenzen

Mithilfe dieser Technologien verschwimmen die Grenzen zwischen realer und digitaler Welt. Objekte, die nur im Computer existieren, werden im wahrsten Sinn des Wortes angreifbar und somit auch begreifbar. Umgekehrt verleiht die neue digitale Hülle unserer Welt eine neue Qualität an Information und Interaktivität.

Beispiele

- Eines der wichtigsten Anwendungsfelder ist Unterhaltungselektronik, von Kino und Fernsehen über Computerspiele bis hin zu virtueller und interaktiver Pornografie.
- In der prototypischen SmartFactory OWL erhalten menschliche Monteure am Förderband komplexe Arbeitsanweisungen im Zusammenhang mit dem Werkstück, das sie gerade in Händen halten, in die AR-Brille eingeblendet. Vergleichbares wäre etwa für Mechaniker und Servicetechniker oder auch im medizinischen Bereich bei Operationen denkbar.
- Planungsmodelle können nicht nur interaktiv betrachtet, sondern direkt manipuliert und modifiziert werden. Zahllose Branchen können davon profitieren: Architektur, Design, Produktmarketing.

Key Player

- Microsoft
- Meta
- Sony
- Oculus
- Valve
- HTC

Prognose

Wir werden nicht von heute auf morgen im Holodeck arbeiten oder leben. Allerdings: Mit der in Aussicht stehenden Verbesserung der Darstellungs- und Interaktionsqualität sowie mit der zu erwartenden Miniaturisierung der Devices werden AR und VR innerhalb der nächsten Jahre eine weit verbreitete Anwendung finden. Unsere Wahrnehmung der Welt wird entscheidend verändert. Dies hat massiven Einfluss auf Kommunikations-, Interaktions- und Arbeitsweisen der Zukunft.

Foto: Pixabay, Melmak, CC0

Additive Manufacturing (3D-Druck)

Aus dem Drucker kommen, schichtweise aufgebaut, dreidimensionale Werkstücke, die zuvor am Computer entworfen wurden – daher die Bezeichnung Additive Manufacturing. Neben der Herstellung von Prototypen oder Kleinserien findet die Technologie zunehmend Verbreitung in der Serienproduktion und erlaubt mittlerweile, sehr komplexe Bauteile aus einer Vielzahl von Materialien (Kunststoff, Keramik, Metall) zu fertigen.

Konsequenzen

3D-Druck hat enorme Auswirkungen auf die Fertigung, einerseits durch die Beschleunigung von Innovationsprozessen durch Rapid Prototyping, andererseits durch die Flexibilität zur Herstellung von Kleinserien oder individualisierten Einzelstücken. Gerade kleingewerbliche Produktion wird durch professionelle 3D-Drucker zu einer Kombination aus handwerklicher Kompetenz und großindustrieller Qualität.

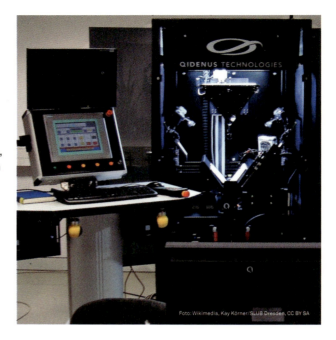

Foto: Wikimedia, Kay Körner/SLUB Dresden, CC BY SA

Beispiele

- 3D-Druck erlaubt es, komplexe Formen herzustellen, die mit konventionellen Maschinen nur sehr aufwändig gefertigt werden können. So sind etwa die Raketentriebwerke des SpaceX-Raumschiffs mit 3D-Druckern hergestellt, und auch Gasturbinenschaufeln im Kraftwerksbau können damit effektiv hergestellt werden.
- Lagerhaltung für selten verwendete Ersatzteile ist für Hersteller aufwändig und teuer. Sind die Bauteile allerdings in digitaler Form abgelegt, können sie im Bedarfsfalle rasch und auch disloziert produziert werden.

Key Player

- MakerBot
- ReaLizer
- SLM Solutions
- EOS
- Voxeljet

Prognose

Der 3D-Boom wird nicht durch „geekige" Privatkunden ausgelöst, sondern durch professionelle Fertigung auf der Basis von 3D-Druck. Die Qualität und Effizienz der Anlagen steigt rapide, die Betriebskosten werden fallen. Das Additive Manufacturing bietet jedoch Unternehmen jeder Branche die Chance, Produkte so zu designen, dass sie Dinge können, die herkömmliche Produkte nicht können. Deshalb steckt auch in neuen Materialien noch Potenzial. Herkömmliche Fertigungsprozesse werden durch 3D-Druck nicht abgelöst, es werden sich jedoch höchst erfolgreiche Nischen bilden, aus denen 3D-Fertigung nicht mehr wegzudenken sein wird.

Nanoelektronik & Micro-Electro-Mechanical Systems (MEMS)

Ziel der Nanoelektronik ist es, Bauteile in kleinstmöglichen Größenordnungen zu entwickeln, um die Rechenkapazität von Computerchips zu steigern – als Nebeneffekt entstehen völlig neuartige Bauelemente. MEMS sind kleinste elektromechanische Systeme, die bislang vor allem in industriellen Produkten eingesetzt wurden (etwa als Verzögerungssensoren in Airbags).

Konsequenzen

Die beinahe spukhafte Technologie hat das Potenzial, unseren Arbeits- und Lebensalltag tiefgreifend zu verändern. Nanoelektronik macht Gegenstände des täglichen Lebens intelligent – bis hin zu unseren eigenen Körpern.

Beispiele

- In der Medizin – von der Verabreichung von Medikamenten, über Gesundheitssensoren in unserem Körper bis hin zu intelligenten Organen – gibt es unzählige Anwendungsgebiete, an deren Realisierung weltweit fieberhaft gearbeitet wird.
- Nanosensoren in sogenannten smarten Verpackungen können den Zustand der Lebensmittel (z.B. Haltbarkeitsinformationen) oder Umgebungsparameter (z.B. Umgebungstemperatur für Kühlketten) überwachen und an Konsumenten am PoS, an das Qualitätsmanagement des Händlers oder an das Supply Chain Management kommunizieren.

Key Player

- Halbleiterhersteller, z.B. Texas Instruments, Avago
- Komponentenhersteller, z.B. Bosch, Honeywell, Knowles Electronics
- Biotechnologie-Unternehmen, z.B. DuPont, Novartis, Bayer, Baxter
- Integratoren, z.B. Philips Healthcare, Siemens

Prognose

Nanotechnologie steht an der Schwelle zum Durchbruch. Eine Vielzahl von Gegenständen wird durch Sensoren mit einfacher Intelligenz ausgestattet sein. Schon in naher Zukunft werden wir uns nicht mehr vorstellen können, von „stummen" Materialien und Objekten umgeben zu sein.

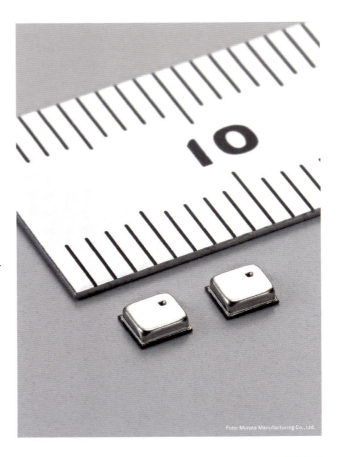

Foto: Murata Manufacturing Co., Ltd.

Digital Impact

Konversion – Transformation – Disruption

Unternehmen wie Google oder Facebook waren nie etwas anderes als Digital Enterprises, sie sind „Digital by Design" und überrollen mit ihrer beispiellosen Effizienz und Reaktionsschnelligkeit ganze Märkte und Branchen. Dabei setzen sie neue Maßstäbe für Kundeneinbindung und -interaktion. Unternehmen aus traditionellen Bereichen stehen damit vor der gewaltigen Herausforderung, ihre Geschäftsprozesse an die Bedingungen einer zunehmend digitalisierten Welt anzupassen bzw. gar ihre Geschäftsmodelle zu ändern.

Unabhängig von der Branche und Stellung eines Unternehmens in seinem Segment werden sich Firmen aller Größe in den nächsten fünf Jahren in einem völlig veränderten Wettbewerbsumfeld wiederfinden. Wie schnell der Wandel voranschreitet und auch Giganten hinwegfegt, zeigt die Tatsache, dass 37 Prozent der noch vor zehn Jahren im S&P 500 vertretenen Unternehmen aus diesem Index der erfolgreichsten Firmen der USA ausgeschieden sind. Der Wandel geschieht dabei in drei Phasen: Konversion, Transformation und Disruption.

Auf dem Weg ins digitale Unternehmens-Zeitalter

In welche Digitaltechnologien Unternehmen investieren, um zu wachsen

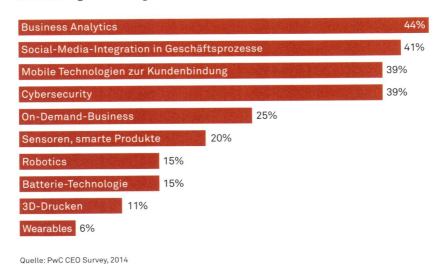

Quelle: PwC CEO Survey, 2014

Phase 1: Konversion

Am Anfang des digitalen Wandels werden bestehende Abläufe und Produkte von der analogen in eine digitale Form überführt, ohne dabei zunächst die Grundlagen zu verändern. Im betrieblichen Ablauf ist das etwa das Ersetzen des papierbasierten durch einen elektronischen Workflow.

Im B2C-Segment ist die Fotografie eines der klassischen Beispiele: Prägten „Kodak Moments" für Generationen die Erinnerungen von Menschen, wurde der Analogfilm in kurzer Zeit von der Digitalfotografie hinweggerafft, und mit ihm die Eastman Kodak Company, der der Sprung ins digitale Zeitalter nicht gelungen war. Und das, obwohl Menschen immer noch und mehr denn je fotografieren.

Der Intermediär wird überflüssig

Auf der Hut sollten in dieser Phase der digitalen Transformation vor allem Intermediäre sein: Unternehmen, die als Mittler an Transaktionen oder Kommunikation zwischen den eigentlich Beteiligten verdienen: eBay hat gezeigt, wie der Zwischenhändler ausgeschaltet wird. Viele Online-shops erlauben die Verknüpfung des gewünschten Artikels mit dem Facebook-Profil, dadurch sehen auch Freunde, dass man Interesse an einem Produkt zeigt: Werben heißt inzwischen Werben-Lassen. Und selbst Bankgeschäfte werden mittlerweile ohne Bank abgewickelt: Zahlreiche Peer-to-Peer-Kreditmarktplätze sind bereits entstanden, auf denen Konsumenten mit anderen Geldgeschäfte abwickeln, ganz ohne Geldinstitut. Am Fotografiemarkt verdienen nach wie vor Kamera- und Druckerhersteller, doch der Entwicklungsservice, der seinerzeit Filme zu Fotos machte, gehört der Vergangenheit an.

Auch wenn es einer Branche nicht gelingt, ihr Angebot wertgerecht zu bepreisen, gerät sie unter massiven Druck. Bestes Beispiel sind die traditionellen Verlagshäuser, die zwischen kostenlosen News-Angeboten im Internet und notwendigen Verkaufserlösen für Printprodukte hin- und hergerissen sind und nur in den wenigsten Fällen einen lohnenden Pfad in eine profitable Zukunft gefunden haben.

Wo die digitale Revolution zuschlägt

Immer mehr Branchen geraten in den Hot Spot aus hoher Dynamik und starken Auswirkungen

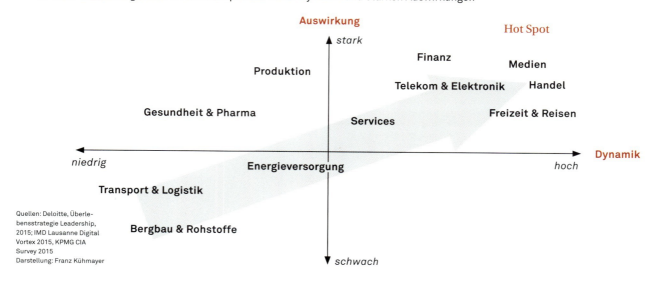

Quellen: Deloitte, Überlebensstrategie Leadership, 2015; IMD Lausanne Digital Vortex 2015, KPMG CIA Survey 2015
Darstellung: Franz Kühmayer

Square –
die Bank, die keine ist

Dem von Jack Dorsey, einem der Gründer von Twitter, gestarteten Unternehmen Square liegt ein sehr einfacher Gedanke zugrunde: Technologie anzubieten, die es jedem erlaubt, Kreditkartenzahlungen entgegenzunehmen – und zwar auf extrem einfache Art. Dieser Leitgedanke hat sich ausgezahlt: Aktuell ist das Software-Unternehmen mit mehr als 6 Milliarden Dollar bewertet und expandiert weiter. Seit kurzem agiert Square nun auch als Kredit-geber. So wird ein Software-Unternehmen mit knapp 1000 Mitarbeitern zu einem globalen Wettbewerber im Bankensektor. *www.squareup.com*

Integration, Demonetarisierung und Demokratisierung

Die Karawane schreitet inzwischen unaufhaltsam weiter und durchquert alle Branchen und Geschäftsbereiche. Denkbar, dass Customer Services sehr bald in eine ähnliche Lage geraten. Werden die Sprachfähigkeiten von Apples Siri etwa mit einer künstlichen Intelligenz wie IBMs Watson verknüpft, kann die Belegschaft eines Call-centers auf Supervisoren zusammengeschrumpft werden, die sich um jene Handvoll Eskalationen kümmern, bei denen der Computer in seiner Lösungssuche noch Probleme hat. In den überwiegenden Fällen übernimmt ein Softwaresystem den Kundendialog, unabhängig davon, ob die Beschwerde per Telefon, Chat oder E-Mail eingegangen ist.

Zunächst treffen in der Phase der Konversion mehrere ökonomische Effekte aufeinander: Integration, Demone-tarisierung und Demokratisierung. In der Vergangenheit haben wir GPS-Navigationsgeräte gekauft, Schallplatten-spieler und Fotoapparate. Heute passt all das ins Smart-phone. Mehrere Devices wurden in ein Gerät integriert,

das zu deutlich günstigeren Preisen angeboten werden kann und damit für eine viel größere Anzahl von Konsu-menten zugänglich ist. Dieser Dreisprung an Effekten wird eine Vielzahl von Branchen treffen.

> *Abläufe und Produkte werden von der analogen in die digitale Form überführt.*

Nichtsdestotrotz: In dieser ersten Phase bleiben die grundlegenden Prämissen einer Branche im Wesentlichen aufrechterhalten, es handelt sich damit um den Wandel mit der geringsten Komplexität. Dennoch springen europä-ische Unternehmen weiterhin nur zögerlich auf den Zug auf. So betätigen sich lediglich 15 Prozent der Klein- und Mittelbetriebe im Online-Verkauf, und von diesen bieten wiederum nur 15 Prozent ihre Dienste auch grenzübergrei-fend online an (Europäische Kommission 2015).

Phase 2: Transformation

Im nächsten Schritt werden auf der Basis von Informations- und Kommunikationstechnologie die kritischen Erfolgsfaktoren innerhalb einer Branche obsolet und durch andere, neue Kompetenzfelder oder Ressourcen ersetzt. Am Beispiel E-Commerce zeigt sich sehr gut, wie das passiert. Während in der ersten Phase noch die Grundprinzipien des stationären Handels gelten, etwa Angebot, Preis und Distribution, und sogar entsprechende Analogien verwendet werden („Warenkorb"), beschleunigt in der transformatorischen Phase das digitale Wissen über Kundenvorlieben und Kaufverhalten die Wettbewerbsvorteile der Online-Handelsgiganten.

Transformation in der Handelsbranche

Amazon profitiert im Cross-Selling und Up-Selling durch Algorithmen wie Item-to-Item-Collaborative-Filtering („Kunden, die dies gekauft haben, haben auch jenes gekauft"). Zalando hat ein Sortiment mit 100.000 Produkten

von 1000 Markenherstellern und sammelt eifrig Daten darüber, was Kunden ansehen, kaufen, zurücksenden. Das Internet-Modehaus versteht mit Ad-hoc-Analysen die Wünsche sowie das Verhalten der Kunden und passt Sortiment und Marketingaktionen daran an. So werden Umsatzströme gesteuert, Absatzpotenziale erkannt und für wenig gefragte Produkte Werbebudgets beschnitten.

Der Büroartikel-Händler Staples setzt auf Dynamic Pricing: Produkte werden abhängig von digital erfassten Eigenschaften des Kunden, beispielsweise Standortdaten, zu unterschiedlichen Preisen angeboten. Wer gerade in der Nähe einer Filiale ist, bekommt Schnäppchen angezeigt, weil die Wahrscheinlichkeit höher ist, dass er rasch mal vorbeischaut und das Angebot in Anspruch nimmt, als jemand, der weit entfernt ist und eine lange Anreise in Kauf nehmen müsste. Wer mit einem Apple-Computer auf der Webseite eines Online-Händlers surft,

Dynamisches Maut-Management
Sensoren regeln die Kosten

Der israelische Highway 1 in der Nähe von Tel Aviv ist gebührenpflichtig. Dabei richtet sich die Höhe der Maut nicht nur nach der Tageszeit, sondern auch nach der Verkehrsdichte. Sensoren messen die Durchschnittsgeschwindigkeit des Verkehrs, die Anzahl der Fahrzeuge und auch den Abstand zwischen den Autos. Daraus wird die Höhe der Abgabe berechnet. Zu Zeiten hoher Verkehrsdichte ist das Fahren teurer als dann, wenn die Straße vergleichsweise leer ist. Somit wird nicht nur Geld in die Kasse des Autobahnbetreibers gespült, sondern es werden auch Verkehrsspitzen über ein System von Angebot und Nachfrage ausgeglichen.

Foto: Siemens AG

mag kaufkräftiger sein als jemand, der einen „billigen" PC verwendet. Dieser Logik folgend, kann es in einigen Fällen sein, dass er Produkte zu höheren Preisen angeboten bekommt.

Das wohl bekannteste Beispiel für den Transformationsprozess sind die Experimente der Lebensmittelkette Tesco in Südkorea mit dem filiallosen, virtuellen Handel: In U-Bahnstationen sehen Kunden Plakate, auf denen wie in echten Regalen die einzelnen Produkte abgebildet sind. Sie fotografieren den daneben angebrachten Barcode und bezahlen mit ihrem Smartphone. Während sie selbst auf dem Weg nach Hause sind, macht sich auch ihr Einkauf auf den Weg und wird vom Händler zugestellt.

Business Intelligence als wichtige Kompetenz

Befinden sich Unternehmen in dieser Phase, müssen sie sich damit auseinandersetzen, dass wesentliche Koordinaten, die ihre Welt bisher definiert haben, an Bedeutung verlieren und durch Business Intelligence oder andere neue Kompetenzfelder ersetzt werden. Am Beispiel des Handels: Der Standort einer Filiale und das Ladenkonzept werden irrelevant, dafür erlangt Logistik- und Datenkompetenz überragende Bedeutung. Das kann sehr schnell dramatische Auswirkungen haben, wie etwa das Verschwinden der Reisebüros zeigt. Nicht nur die Kernleistung – eben eine Reise zu buchen – wurde durch digitale Technologie ersetzt, sondern auch der Mehrwert, den Reisebüros bieten können: ausführliche Information, persönliche Beratung und der Vergleich von Angeboten. Und am wichtigsten: Vertrauen. Denn Menschen vertrauen mittlerweile eher der Vielzahl von Meinungen, die als Crowd Intelligence auf Reise-Bewertungsportalen veröffentlicht wird, als der freundlichen Dame im örtlichen Reisebüro. Fünf Sterne auf Tripadvisor sind wichtiger geworden als fünf Sterne an der Hoteltür oder im Reisekatalog.

Im Rahmen von IoT, dem Internet der Dinge, erfasst die Phase 2 auch physische Güter: Während die Möglichkeiten mechanischer Verbesserungen ausgeschöpft sind,

> *Wesentliche Koordinaten, die die Unternehmenswelt bisher bestimmt haben, verlieren an Bedeutung und werden durch Business Intelligence oder andere Kompetenzfelder ersetzt.*

werden sie durch Sensoren intelligent gemacht. Der Werkzeugbauer Komet Group überwacht zum Beispiel mit Sensoren und Vernetzung permanent den Einsatz seiner Produkte. So kann genau ermittelt werden, wann etwa ein Bohrer zu brechen droht und gewechselt werden sollte. Der Austausch zum optimalen Zeitpunkt spart Geld: Die Lebensdauer lässt sich voll ausnutzen, die Produktionsunterbrechungen besser planen und das Risiko plötzlicher Ausfälle ebenso verringern wie die Vorratshaltung.

Hinterfragen der Prämissen

Unternehmen können mit einer dreiteiligen Strategie reagieren: Intelligente Multichannel-Angebote und konsequente Datennutzung verknüpfen die Vorteile unterschiedlicher Kommunikations- und Leistungskanäle und erlauben es, Kundenverhalten zu erkennen und den Anwender effizient zu unterstützen. Zudem können Unternehmen Kunden dort abholen, wo sich deren digitaler Alltag abspielt, Privatkunden etwa in sozialen Netzwerken, Businesskunden auf B2B-Plattformen. Damit schärfen sie ihr Profil und tragen eine neue Intimität in die Kundenbeziehung. Und schließlich können Unternehmen vorbehaltlos hinterfragen, auf welche als unerschütterlich geltenden Prämissen sie ihre Marktposition stützen und wodurch diese Kernkompetenzen in einer digitalen Welt gefährdet sind.

Phase 3: Disruption

Mit den Transformationsprozessen ist die Grundlage für die höchste Ausbaustufe des digitalen Wandels gelegt, in der ganze Geschäftsmodelle auf den Kopf gestellt werden und völlig neue Marktteilnehmer unbelastet und frisch in Branchen eindringen und gänzlich neue Wertschöpfungssysteme schaffen.

Das beliebteste Medienunternehmen der Welt, Facebook, produziert keine eigenen Inhalte; der größte Anbieter von touristischen Unterkünften, AirBnB, verfügt über kein einziges eigenes Zimmer; der global wertvollste Händler, Alibaba, hat kein eigenes Lager; Uber, das größte Taxiunternehmen der Welt, betreibt keine eigenen Fahrzeuge – und ist dennoch wertvoller als einige der größten Automobilhersteller mit all ihren physischen Assets, intellektuellem Property und Markenstärke: nur mit der Macht seiner Algorithmen und Daten.

Manchmal reicht schon ein einziges Programm aus, um eine ganze Branche in ihrem Erlösmodell zu erschüttern. Der Erfolg von Skype, WhatsApp und Co. kommt die Telekommunikationsindustrie teuer zu stehen. Fast 400 Milliarden Dollar entgehen der Branche bis 2018 durch Gratis-Voice- und -Messaging-Dienste, prognostiziert die Research-Firma Ovum. Im Angesicht der Tatsache, dass Facebook mit Bezahlmodellen experimentiert, die es seinen Nutzern ermöglichen, untereinander Geldflüsse abzuwickeln (Person-to-Person-Payment), lassen sich bereits weitere Marktsegmente ausmachen, die bald unter erheblichem Veränderungsdruck stehen werden, bspw. die Finanzindustrie.

Disruptionen in der Finanzbranche

Banken und Versicherungen sind durch die Finanzmarktkrise belastet, müssen gesetzliche Vorgaben wie Basel III oder Solvency II umsetzen und unter dem Eindruck internationaler Wettbewerber und veränderten Kundenverhaltens ihr Angebot anpassen, ihre Effizienz erhöhen und Prozesse und Abläufe modernisieren. Während diese Branche also ziemlich mit sich selbst beschäftigt ist, muss sie zunehmend auch neue digitale Mitbewerber abwehren, die in den Markt drängen. Die ehemalige eBay-Tochter PayPal bietet ihren über 200 Millionen Kunden eine alternative Form des Zahlungsverkehrs, die das klassische Bankkonto auf seine Grundfunktion reduziert. Google denkt über ein Preisvergleichsportal für Versicherungen nach, mit dem der Online-Riese in das Privatkundengeschäft mit Policen einsteigen will. Und auch Apple möchte mit Passbook und den Bezahlfunktionen auf der neuen Apple Watch ein Stück vom Geldmarkt naschen.

Die Herausforderung für etablierte Finanzunternehmen: Die Internet-Konzerne bringen nicht nur beachtliche finanzielle Reserven mit, um innovative Produkte in den Markt zu tragen, für sie sind neue Marktsegmente letztlich nur eine von mehreren Erweiterungen ihres bestehenden Portfolios. Während sie also im Kernmarkt weiterhin erfolgreich sind, können sie im Rahmen der Diversifikation auch größere Risiken auf sich nehmen als tradierte Anbieter, die unter Umständen ihre wirtschaftliche Basis gefährden würden. Aber vor allem: Sie treten nicht nur mit einem Technologievorsprung an, sondern mit tiefen Einsichten in Zielgruppen. „Sie wissen aufgrund ihrer riesigen Datenbasis viel mehr über die Bedürfnisse der Kunden, als Banken es je erfahren werden, und können so Dienstleistungen sehr gezielt anbieten", fürchtet Deutsche-Bank-Co-Vorstand Jürgen Fitschen (Accenture 2013).

Die Invasion der Einhörner

Die Anzahl an potenziellen digitalen Disruptoren wächst. Venture-Capital-Unternehmen bezeichnen Start-ups, deren Bewertung zumindest eine Milliarde Dollar ausmacht, als „Einhörner", weil sie ebenso selten wie diese vorkommen. In den letzten Jahren beschleunigten sich allerdings die Netzwerkeffekte zwischen Nutzeranzahl und Marktkapitalisierung: Sportbekleidungshersteller Under Armour hat mit der Übernahme des App-Anbieters MyFitnessPal nicht nur technologische Kompetenz eingekauft, sondern auch 80 Millionen Nutzer; Adidas war bei der Übernahme von Runtastic von vergleichbaren Motiven geleitet. Daten sind das neue Gold, und Businessmodelle digital – das ist der Grund, warum es mittlerweile mehr als hundert Einhörner gibt. Neun davon

Einhörner – Die teuersten Start-ups der Welt

Welche Neulinge in 2015 haben das Potenzial, zu echten Disruptoren zu werden?

Top-10		Wert (in Milliarden US-Dollar)
Uber, USA	Online-Vermittlungsservice für Fahrdienstleistungen	51
Xiaomi, China	Smartphone-Hersteller	46
Airbnb, USA	Community-Marktplatz zur Buchung und Vermietung von Unterkünften	25,5
Palantir, USA	Softwareunternehmen für Sicherheits- und Finanzsoftware	20
Snapchat, USA	Instant-Messaging-Dienst	16
Flipkart, Indien	E-Commerce-Unternehmen	15
Didi Kuaidi, China	Online-Vermittlungsservice für Fahrdienstleistungen	15
SpaceX, USA	Private Raumfahrtindustrie	12
Pinterest, USA	Soziales Netzwerk	11
Dropbox, USA	Filehosting-Dienst	10

Top-10 Neulinge		
DJI Innovations, China	Hersteller von unbemannten Luftfahrzeugen	10
Zenefits, USA	Softwarehersteller für Human Resources Management	4,5
Social Finance, USA	Finanztechnologieunternehmen	4
Tanium, USA	Sicherheits- und Systemmanagement	3,5
Global Fashion Group, Luxemburg	Fashion-E-Commerce-Unternehmen	3,1
Stemcentrx, USA	Health-Care-Unternehmen	3
Ele.me, China	Food-Bestellservice	3
ContextLogic (dba Wish), USA	Produktplattform	3
Hellofresh, Deutschland	Food-Lieferservice	2,9
Lyft, USA	Online-Mitfahrzentrale	2,5

Quelle: CB Insights 2015

sind über 10 Milliarden Dollar schwer, zwei sogar über 40 Milliarden Dollar (Uber und Xiaomi). Über 60 Start-ups konnten alleine 2015 die 1-Milliarde-Dollar-Grenze knacken und zählen somit zu den neuen Einhörnern. Die Liste beinhaltet eine bunte Mischung aus Drohnenherstellern, HR-Spezialisten, Finanzdienstleistern, Gesundheitsservices, E-Commerce-Plattformen und Big-Data-Anbietern: DJI, Zenefits, Social Finance, Lyft oder auch der deutsche Lebensmittellieferservice HelloFresh sind erfolgreiche Neulinge. Ob es sich dabei um schnell verglühende Meteore handelt, wie sie die Dotcom-Blase der 2000er Jahre hervorgebracht hat, oder um nachhaltige Wachstumschampions mit dem Potenzial, auch andere Branchen zu irritieren, ist fraglich. Ob man angesichts dieser Unsicherheit allerdings das Risiko des Ignorierens eingehen sollte, ebenfalls.

Woher die Disruptoren kommen
Kritische Erfolgsfaktoren, die künftig entscheidend sein werden
Beispiel: Automotive-Industrie

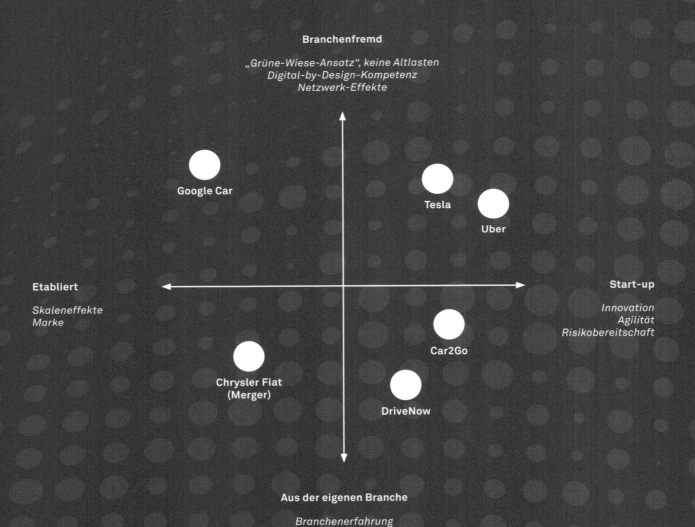

Branchenfremd

„Grüne-Wiese-Ansatz", keine Altlasten
Digital-by-Design-Kompetenz
Netzwerk-Effekte

Google Car

Tesla

Uber

Etabliert

Skaleneffekte
Marke

Start-up

Innovation
Agilität
Risikobereitschaft

Car2Go

Chrysler Fiat
(Merger)

DriveNow

Aus der eigenen Branche

Branchenerfahrung
Partnerschaften

Modell: Franz Kühmayer, Zukunftsinstitut

Hybride Geschäftsmodelle

Natürlich gilt bei zielgerichteter und konsequenter Strategie auch quid pro quo: Aus der Digitalisierung ergeben sich neue Wachstumsimpulse, sie bietet ein immenses Innovationspotenzial für Unternehmen aus traditionellen Branchen. Diese können zusätzliche internetbasierte Produkte und Dienstleistungen entwickeln und weit jenseits ihrer klassischen Branchengrenzen aktiv werden. Das ultimative Beispiel hierfür ist der Trend zum autonomen Fahren, der der Automobilbranche neue Betätigungsfelder bietet. Doch es greift zu kurz, anzunehmen, Taxibetriebe, Lieferservices oder Transportunternehmen funktionierten in Zukunft unverändert, nur ohne Menschen, die die Fahrzeuge steuern. „Wenn wir keinen Fahrer ins Auto setzen müssen, ist es für Kunden billiger ein Uber zu nehmen als das eigene Auto", meinte Uber-Chef Travis Kalanick auf der Code Conference 2014. Anders gesagt: Wenn es ganz selbstverständlich und günstig wird, „gefahren zu werden", werden wohl all jene, die aus rationalen Gründen heute ein Auto besitzen, mit der Zeit darauf verzichten. 30 Prozent weniger Autos werde es in Zukunft geben, sagt Sebastian Thrun von der Stanford University voraus. Die OECD geht sogar noch weiter: Sie hat die Verkehrssituation in Lissabon unter der Prämisse modelliert, dass es kostengünstige „Taxibots" anstatt von Privatfahrzeugen, konventionellen Taxis und Omnibussen gibt, und ist zum Schluss gelangt, dass über 80 Prozent weniger Autos zum Einsatz kämen (OECD/ITF 2015). Diese wenigen Fahrzeuge sind dann fast ständig in Bewegung, Parkplätze und Garagen verlieren an Bedeutung. Das Stadtbild verändert sich, und der Begriff verkehrsgünstige Lage wird für den niedergelassenen Handel eine völlig neue Bedeutung bekommen. Umgekehrt werden von Menschen gesteuerte Autos – wenn sie denn überhaupt noch zugelassen werden – zum raren Luxusgut, und Ferdinand Porsche könnte mit seiner Prognose Recht behalten, dass das letzte gebaute Auto ein Sportwagen sein wird.

Disruption muss also nicht notwendigerweise zur Substitution, sondern kann auch zur Synergie führen und in sogenannte hybride Geschäftsmodelle münden, in denen sich analoge Produkte und digitale Technologie treffen. Das wird auch Partnerschaften zwischen B2B-Anbietern und B2C-Unternehmen nach sich ziehen.

Fazit: Die Zeit drängt

Klar ist: Effizienzvorteile werden immer weniger geschaffen, indem Menschen durch Maschinen oder analoge durch digitale Prozesse ersetzt werden. Wesentlich mehr Veränderungspotenzial geht von neuen Geschäftsmodellen aus, die eine Branche in ihren Grundfesten erschüttern. Im Schnitt erwarten Führungskräfte aus den unterschiedlichsten Branchen innerhalb der nächsten drei Jahre einen disruptiven Effekt in ihrem Marktsegment – dennoch begeben sich nur 25 Prozent der führenden Unternehmen selbst aktiv in die Rolle des Disruptors, der an den Grundfesten der eigenen Branche rüttelt (Global Center for Digital Business Transformation 2015). Wachstum und Unternehmenserfolg entstehen künftig nur dort, wo digitale Kompetenzen und Leadership-Skills aufeinandertreffen, darin sind sich Experten einig (MIT 2013; Accenture 2015). Um auch in Zukunft erfolgreich zu sein, müssen sich Unternehmen einem tiefgreifenden digitalen Wandel unterziehen.

Race against the machines

Mensch-Maschine-Arbeitswelten der Zukunft

„The company of the future will have no workers.
The company of the future will have no managers.
The company of the future will be a digital entity.
The company of the future will be alive."

Robert Harris in „Fear Index"

Die Idee des künstlich erschaffenen Wesens, das für die Menschen Fronarbeit leistet, ist Jahrtausende alt: Schon die alten Ägypter gaben ihren Verstorbenen magische Puppen mit, die im Jenseits bestimmte Aufgaben erledigen sollten. Die Homunkuli, dämonische Helfer der Alchemisten, entstammen dem Spätmittelalter. Die Vorstellung von Maschinenmenschen tauchte in der Neuzeit auf. Ebenso alt ist unsere Furcht davor, dass Maschinen die Welt übernehmen und sich im schlimmsten Fall auch der Menschen entledigen könnten. Der Hollywood-Blockbuster „Terminator" ist ein modernes Zeugnis dieser menschlichen Urangst, wie auch Stanislaw Lems Roman „Der Unbesiegbare", in dem Roboter jegliches organische Leben vernichten, da es Feuchtigkeit enthält, die für Wesen aus Metall eine bedrohliche Rostgefahr darstellt.

Menschenleere Fabriken und Büros

Doch die Realität sieht anders aus: Viel wahrscheinlicher als eine Weltherrschaft der Roboter ist es, dass sich die Menschheit selbst vernichtet – oder dass Computer genau das verhindern, indem sie neue Medikamente entwickeln, oder dass Klimamodelle uns helfen, die Umweltzerstörung zielgerichteter zu bekämpfen. Das naheliegendere Szenario: Die Karawane des Outsourcings, die in den 1990er-Jahren losgeschickt wurde, um zu konkurrenzlosen Preisen in Billiglohnländern zu produzieren, kehrt wieder nach Europa zurück – allerdings nicht in menschlicher Form. Hierzulande wird künftig Produktion durch autonome Roboter erledigt, und die letzten Vertreter der Arbeiterklasse verschwinden.

Doch nicht nur die Fabrikarbeit ist betroffen. Forscher an der Universität Oxford haben über 700 Berufsgruppen in den USA dahingehend untersucht, wie wahrscheinlich es ist, dass sie durch Computer ersetzt werden. Ergebnis:

47 Prozent der Jobs fallen in die Kategorie „High Risk" und sind damit von der Digitalisierung unmittelbar bedroht (Frey/Osborne 2013). Die Volkswirte der ING-DiBa haben auf dieser Basis die Risiken für Deutschland ausgerechnet und sind zu einem noch beängstigenderen Ergebnis gelangt: Sogar 59 Prozent der heimischen Arbeitsplätze seien unmittelbar gefährdet (ING-DiBa 2015).

Berufsbilder wandeln sich

Allen Prognosen, wie die Berufe der Zukunft aussehen werden, stellt die Dynamik der Entwicklung am Arbeitsmarkt ein Bein: Wenn vorhergesagt wird, ob ein bestimmter Beruf in zehn Jahren durch Digitalisierung ersetzt werden kann, wird stets vom heute aktuellen Jobprofil ausgegangen und dieses statisch in die Zukunft projiziert. Doch bereits heute hat die Technologisierung jahrzehntealte Berufsbilder massiv verändert: War beispielsweise der Kfz-Mechaniker noch vor kurzem tatsächlich ein „Mechaniker", ist er im Laufe der letzten zehn Jahre zum Mechatroniker geworden – eine Entwicklung, die sich weiter beschleunigen wird. Eine realistische Prognose, ob ein Beruf bis zum Jahr 2030 durch Computer ersetzt wird, muss also auch die Frage beinhalten, wie sich dieser Beruf bis dahin weiterentwickelt hat.

In seiner Enzyklopädie „Verschwundene Arbeit" zählt Rudi Palla minutiös hunderte Berufe auf, die durch die Veränderung der Arbeitswelt untergegangen sind. Silhouettenschneider, Planetenverkäufer, Schopper – kaum einer weiß heute noch, was sich hinter diesen Jobtiteln verbirgt. Welche heute aktuellen Berufe wird ein künftiger Arbeitsarchäologe dereinst staunend freilegen?

Von rauchenden Schloten zu rauchenden Köpfen

Der radikale Umbau der Arbeitsgesellschaft bedroht die ohnehin schon strukturell erschütterte Arbeitswelt. In der EU sind aktuell etwa 11 Prozent der erwerbsfähigen Menschen arbeitslos, bei den Jugendlichen liegt die Arbeitslosigkeit gar doppelt so hoch (Eurostat 2015). Besonders betroffen sind Berufe mit geringer Qualifizierung: Der Anteil offener Stellen, die lediglich Pflichtschulausbildung (Grund- und Hauptschule) verlangen, ist etwa in Österreich von knapp 50 Prozent auf etwa ein Drittel gesunken (AMS 2015). Im vielzitierten Buch „The Second Machine Age" warnen die Forscher Erik Brynjolfsson und Andrew

---

Toshiba
Humanoide Empfangsdame

Im Frühjahr 2015 hatte Aiko Chihara ihren ersten Arbeitstag in einem Kaufhaus in Tokio. Ihr Job: Am Empfangsschalter die Kunden begrüßen und Informationen über Produkte und Events ausgeben. Das Besondere daran: Aiko ist kein Mensch, sondern ein Roboter in Gestalt einer jungen Frau. Noch ist Aiko ein Prototyp und ihr Einsatzgebiet limitiert. Doch bis 2020 will Toshiba den Humanoiden als „intelligenten sozialen Roboter" zur Serienreife gebracht haben. Aiko soll dann bei den Olympischen Spielen zur Betreuung der Besucher eingesetzt werden. *www.toshiba.co.jp*

Foto: Toshiba

Die Führungskraft bleibt menschlich

Anzahl der gefährdeten Arbeitsplätze in Deutschland nach Funktionsklassen und Wahrscheinlichkeit der Technologisierung in Prozent

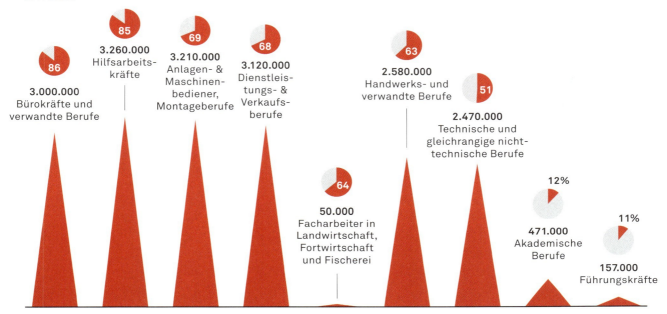

Quelle: ING-DiBa: Die Roboter kommen. Folgen der Automatisierung für den deutschen Arbeitsmarkt. 2015

McAfee eindringlich: „Es hat noch nie ein schlechteres Zeitalter für Arbeiter mit nur ‚gewöhnlichen' Fertigkeiten gegeben, denn Computer, Roboter und andere digitale Technologien übernehmen diese Fertigkeiten mit außergewöhnlicher Geschwindigkeit." Diese Verschiebung hin zu höher qualifizierten Stellen wird sich massiv beschleunigen. Die Digitalisierung bringt einen sich selbst verstärkenden Kreislauf aus technologischem Fortschritt und damit notwendiger Bildung mit sich. Sowohl am Arbeitsmarkt als auch in Unternehmen entscheidet sich die Zukunftsfähigkeit durch rasant steigende Kompetenzanforderungen an Mitarbeiter.

Auslaufmodell Mittelklasse

Die Erfahrung aus früheren technologisch getriebenen Umbrüchen lehrt uns allerdings: Es ist unrealistisch, dass freigesetzte Arbeitskräfte eins zu eins in anderen Bereichen eingesetzt oder unmittelbar weiterqualifiziert werden können: Nicht jeder, dessen Job durch Digitalisierung gefährdet ist, wird auf Programmierer, Systemanalytiker oder AI-Experte umschulen können. Die Spur, die die digitale Revolution erzeugt, wird tiefer und breiter sein als jede andere zuvor. Denn immer öfter zählt bereits die Mittelklasse zu den Modernisierungsverlierern: Associated Press hat die Beschäftigungsdaten aus 20 Ländern verglichen und dabei festgestellt, dass nicht nur die niedrig qualifizierten, schlecht bezahlten Berufe verschwinden, sondern vor allem jene Arbeitsplätze, die mittelhohe Anforderungen stellen und ebensolche Löhne zahlen – kurz gesagt, Jobs, die das Rückgrat der Mittelklasse in den entwickelten Ländern bilden (Condon/Fahey/Wiseman 2013).

Polarisierung der Arbeitswelt

Wer im Büro arbeitet und dabei überwiegend Routine-tätigkeiten erledigt (und das entspricht dem Großteil heutiger Bürojobs), ist unmittelbar gefährdet, denn genau das können Computer exzellent. Wer dagegen, egal ob manuell oder kognitiv, in Nichtroutine-Jobs tätig ist, hat bislang von der technologischen Entwicklung profitiert. Waren etwa in den USA Ende der 1980er Jahre noch etwa die Hälfte der Jobs „non-routine", sind es heute bereits 82 Prozent (Zumbrun 2015). Eine Entwicklung, die auch in den Büros und Fabriken Europas beobachtbar ist (Autor 2014).

Der zumindest mittelfristige Effekt wird eine massive Polarisierung der Arbeitswelt sein: Während viele von der Automatisierung unmittelbar betroffen sind, wächst die Anzahl der hochbezahlten Jobs, die Kreativität, Abstrak-tion, Problemlösung, Eskalationsmanagement und soziale oder empathische Qualitäten verlangen. Diese hoch- und höchstqualifizierten Berufsbilder werden durch eine neue Modularisierung geprägt. Hier entsteht eine Arbeitstei-ligkeit innerhalb des Berufs, ein stärkeres Auseinander-dividieren in maschinell leicht fassbare Aufgabengebiete und in solche, die auch auf längere Sicht weiterhin von Menschen besser ausgeführt werden können.

Dr. Roboter: Automatisierung der Medizin

Der Silicon-Valley-Investor Vinod Khosla ist überzeugt, dass eine Vielzahl der Tätigkeiten von niedergelassenen Ärzten leicht und vielfach auch besser von IT ausgeführt werden kann. Die Tatsache, dass Mustererkennungssoft-ware, kombiniert mit riesigen zur Verfügung stehenden

The Rise of the Non-Routine

Die Anzahl an Jobs (in Millionen) in den USA, sortiert nach Routine- und Nichtroutine-Tätigkeiten, gleitender 12-Monats-Mittelwert

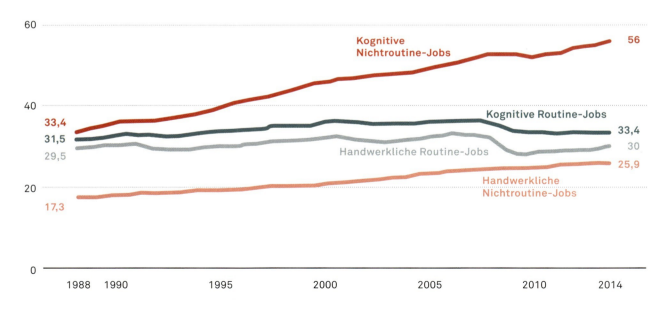

Quelle: Henry Siu und Nir Jaimovich für Thirdway, WSJ.com

Machine Learning
Die Welt verstehen

Lange konnten sich Computer die Welt nur durch große Datenmengen erschließen, die sie mit „brute force" (roher Gewalt) oder mit ausgefeilten statistischen Modellen verarbeiteten. Machine Learning geht einen Schritt weiter, wie Professor Hod Lipson von der Columbia University zeigt. Er hat Algorithmen entwickelt, die es Computern ermöglichen, sich durch große Mengen an Rohdaten sozusagen rückwärts zu den Ursachen durchzuarbeiten. Auf diese Weise lernt die Maschine die „Naturgesetze" zu verstehen, auf deren Basis die Daten entstanden sind, und auch die Schlüsselgrößen, die dafür verantwortlich sind (bspw. Energie). Der Prozess endet somit mit einer konzeptionellen Einsicht in die Dinge: Maschinen verstehen die Welt. *creativemachines.cornell.edu*

Datenmengen, regelmäßig zutreffendere Diagnosen als Top-Radiologen erstellt, unterstreicht dies nur. Mit der Consumerization, also der immer stärkeren Durchdringung aller Alltagsbereiche mit elektronischen Endgeräten, gewöhnen wir uns auch daran, Maschinen unser Vertrauen zu schenken. Die erstaunliche Anzahl von Fitness-Trackern und Selbstdiagnose-Apps mag noch mehr Spielerei als ernsthafte Diagnostik bieten; sie ist aber sicherlich ein Vorbote für eine noch stärker automatisierte Medizin, in der Ärzte zwar nicht ersetzt werden, aber viele Aufgaben durch Systeme wahrgenommen werden, die menschliche Ärzte für bessere Behandlungserfolge unterstützen.

Neue Jobs und Spielräume

Parallel zu dieser neuen Arbeitsteilung von Top-Jobs entstehen neue, um die ehemalige Kerntätigkeit herum angesiedelte Berufe. Wurden Anwälte unter dem Titel „Litigation Support" beispielsweise dafür bezahlt, Berge von Akten und Dokumenten zu studieren, zu analysieren und nach Auffälligkeiten zu suchen, so kann Software dies mittlerweile nicht nur schneller und günstiger, sondern auch besser. Andererseits entstehen dadurch eine Reihe neuer Rollen im Umfeld von Juristen – der britische IT- und Rechtsexperte Richard Susskind zählt in seinem Buch „Tomorrow's Layers" einige auf: Legal Knowledge Engineer, Legal Technologist, Risk Manager, Process Analyst. Die Digitalisierung vernichtet also auf der einen Seite Jobs, sie schafft aber gleichzeitig neuen Spielraum in bestehenden und erzeugt darüber hinaus völlig neue Berufe.

Die Grenzen des Wachstums

Jede Technologiewelle hat für einen Produktivitätsüberschuss gesorgt. Das bedeutet aber nicht zwingend auch einen wachsenden Arbeitsmarkt. Zwischen 1953 und 1999 ist die Produktivität in der US-Wirtschaft im Jahresschnitt um 2,1 Prozent gewachsen, das entspricht auch exakt dem

Boston Dynamics
Grenzenlos

Die geheimnisumwitterte Roboterschmiede Boston Dynamics (forscht und entwickelt für das US-Militär) zeigt ihre Fortschritte mit dem humanoiden Roboter „Atlas", der Waldläufe unternimmt, und dem vierbeinigen „Spot", der selbstständig Türen öffnet und durchschreitet. Die Orientierung in der Umwelt stellt für die Robotermodelle kein Problem mehr dar. Seit Ende 2013 gehört Boston Dynamics zu Google – der Kauf lässt vermuten, dass der Internetgigant die neuen Geschäftsfelder Intralogistik und Paketzustellung erobern möchte.
www.bostondynamics.com

Foto: Flickr, David Axe, CC BY NC

durchschnittlichen Jobwachstum. Seit der Jahrtausendwende hat sich der Parallellauf allerdings entkoppelt: Das Produktivitätswachstum blieb auf dem gleichen Niveau, der Jobmarkt wuchs aber nur noch um 0,5 Prozent.

Unsere Volkswirtschaft wird mit weniger, dafür aber hochspezialisierten Arbeitskräften auskommen. Der große Rest wird für die Produktion nicht mehr benötigt. Grundsätzlich könnte man sich freuen, dass die Maschine den Job macht. Allerdings ist aktuell die gesamte Finanzierung unseres Wirtschaftssystems und Gemeinwesens direkt mit der Erwerbstätigkeit verknüpft: Lebensunterhalt, Steuerleistung, Kranken- und Rentenversicherung. Und: Wer seinen Job verliert, scheidet auch als Marktteilnehmer und Konsument aus. Zur persönlichen Konsequenz kommt eine gesellschaftliche: Wie soll unser System weiter funktionieren, wenn immer weniger Menschen einer dauerhaften, gut entlohnten Arbeit nachgehen?

Ob steigende Produktivität auch ein höheres Sozialprodukt bedeutet, ist also zumindest fraglich. Technischer

Fortschritt hat nicht zuletzt auch den Effekt fallender Preise und häufig auch der Entwertung ganzer Wertschöpfungsketten. Dass der Wohlstand einer Gesellschaft direkt mit der Erwerbstätigkeit der Bevölkerung zusammenhängt, ist vielleicht gar nicht so schlüssig, wie es uns heute erscheint.

Neudefinition von Arbeit: Sinnstiftung

„If we automate all the jobs, we'll be rich – which means we'll have a distribution problem, not an income problem", ist David Autor, Professor für Volkswirtschaft am MIT, überzeugt. Oder anders formuliert: Wenn uns Algorithmen in der Arbeitswelt ersetzen, sollten sie auch unseren Platz als Steuerzahler einnehmen. Die Konsequenz wäre ein grundlegender Umbau der Sozial- und Steuersysteme, hin zur Besteuerung von nichtmenschlicher Arbeit und damit zu einer Vergesellschaftung der Automatisierungsdividende. Zu diskutieren wird sein, wie genau man die Produktivitätsgewinne sozialisiert, etwa über ein Grundeinkommen, das an Bildungsabschlüsse, soziales Engagement oder Unternehmergeist gekoppelt ist.

Klar ist: Der Weg dorthin ist keine Selbstverständlichkeit, die sich aus dem technologischen Fortschritt quasi natürlich ergibt, sondern das Ergebnis erheblicher Anstrengungen in technischer und sozialer Entwicklung. Wenn Arbeit neu definiert wird und sich vom zentralen Begriff der Erwerbsarbeit löst, geht es also nicht nur um finanzielle Absicherung, sondern auch um sinnvolle Beschäftigung. Zu tun gibt es auch in Zukunft genug, insbesondere wenn Menschen sich in Tätigkeiten entfalten können, die im aktuellen System nicht adäquat belohnt werden: Sozialarbeit, Familienarbeit, Kulturarbeit, Engagement im Gemeinwesen – letztlich auch etwas für die eigene Seele und den eigenen Kopf tun. Eine durch die Digitalisierung getriebene steigende Arbeitslosigkeit führt dann nicht zu einer Zunahme von Armut, sondern zu einem Mehr an individueller Freiheit, sozialer Wertschöpfung und gesellschaftlichem Wohlstand. Und endlich auch zum wichtigsten Motiv: Sinnstiftung.

> **If we automate all the jobs, we'll be rich.**
>
> DAVID AUTOR, MIT

Utopie oder erstrebenswertes Szenario?

Auch wenn Roboter unsere Fabriken bevölkern und künstliche Intelligenz unsere Büros steuert, kann der Wohlstand aller Menschen also steigen. Bis dahin wird der Anpassungsprozess aber schmerzhaft werden – vor allem für die Arbeitnehmer, deren Jobs schon kurzfristig von Maschinen erledigt werden. Und das sind nicht wenige: Die digitale Revolution trifft ins bürgerliche Herz der Gesellschaft, denn sie betrifft nicht nur einzelne Berufsfelder, sondern alle.

Fazit: Digitales Gemeinwesen schaffen

Unsere aktuelle ökonomische und gesellschaftliche Struktur ist mit zukünftigen Technologien nicht kompatibel. So wie Dampfmaschine und Eisenbahn nicht nur einzelne Arbeitsplätze verändert haben, sondern eine völlig neue Gesellschaft aus Bourgeoisie und Proletariat hervorbrachten, stehen wir abermals vor einem technologisch getriebenen Umbruch, der neue soziale Strukturen entstehen lassen wird. Es braucht daher dringend einen politischen Diskurs darüber, wie wir die schier grenzenlosen Möglichkeiten der digitalen Revolution in eine für die Gesellschaft insgesamt positive Zukunft lenken. Das Internet sei „Neuland", befand die deutsche Kanzlerin und erntete mit dieser Aussage reichlich Häme aus der Social-Media-Szene. So Unrecht hat sie allerdings nicht – vor allem, wenn es um grundlegende Fragen wie etwa ein neues, digitales Gemeinwesen geht.

Digital Leadership

Was morgen persönlich und organisatorisch gefragt ist

Die Wertschöpfung in der digitalen Wirtschaft erfordert ein vernetztes Denken, ein Denken in Systemen statt in einzelnen Einheiten. Plattformorientierte Strategien sind deshalb für alle Angebote relevant. Erfolgreiche Unternehmen arbeiten in solchen Strukturen nicht mehr als isolierte Organisationen, sondern als Teil der digitalen „Wir-Ökonomie", die die Grenzen unterschiedlicher Industriezweige verschwimmen lassen. Unternehmen müssen sich dabei neue Fertigkeiten aneignen. Aus der Zusammenarbeit im Netzwerk entstehen dabei im Idealfall erweiterte Kompetenzen für alle Mitspieler. Der B2B-orientierte Produzent bringt seine auf Langfristigkeit und höchste Ausfallsicherheit getrimmte Fertigungsexpertise ein, während der B2C-Player die Orientierung an kurzfristig schwankenden Kundenpräferenzen und ausgefeilten Marketing-Skills mitbringt. Die Rolle des Getriebes, das die unterschiedlichen Geschwindigkeiten synchronisiert und Interessen integriert, übernehmen Plattformanbieter. Während die digitale Wirtschaft Intermediäre tendenziell ausschaltet, bietet sie für Aggregatoren in der Regel Wachstumschancen.

Umso wichtiger ist es also, unternehmensübergreifend zu denken und wertschöpfende Prozesse nicht abschnittsweise zu denken, sondern konsequent den Schritt vom Ich zum Wir zu gehen, von der eigenen

Organisationseinheit zum Kollektiv. Damit verlagert sich natürlich auch die Macht, Strukturen und Hierarchien werden aufgebrochen – das sollte Digitale Leader nicht verängstigen, sondern zu innovativen Geschäftsmodellen anspornen. In einer Ökonomie, die vom möglichst ungehinderten Datenfluss profitiert, dürfen sich Führungskräfte nicht länger vom Gedankenmodell linearer Ketten leiten lassen, sondern müssen sich an verwobenen Netzwerken orientieren. Die Führungsaufgabe von morgen erschöpft sich nicht darin, Strategiearbeit im Rahmen der Einzelperformance eines Unternehmens zu leisten, sondern die Perspektive auf die Innovationskraft und Monetarisierung von Leistungen innerhalb einer branchenübergreifenden Matrix zu lenken. Dazu ist das gemeinsame Entwickeln von Visionen ebenso notwendig wie das kooperative Umsetzen in konkrete Produkte, die sich gegenseitig aufschaukeln. In Zukunft punktet nicht mehr, wer mit einfallsreichen Konzepten auftrumpfen kann, sondern wer in großen Zusammenhängen und industrieübergreifenden Wettbewerbskonstellationen denkt und gemeinsam vermarktbare Produkte und Geschäftsmodelle im Auge hat. Digital Leadership der Zukunft verlangt, die Plattformisierung der Märkte zu erkennen und die Unternehmensstrategie in Richtung Wir-Ökonomie auszurichten.

Digital Mindset

Disruption als Teil der Unternehmenskultur

Digitale Technologien verändern nicht nur Branchen und Geschäftsmodelle, sondern auch das Innenleben von Unternehmen: Organisationsstrukturen, operative Prozesse und Handlungsweisen sind einem grundlegenden Wandel unterworfen. Die erfolgreiche Umsetzung der digitalen Transformation wird entscheiden, welche Unternehmen überleben werden und welche nicht – und sie erfordert von Führungskräften ein radikales Neu-Denken.

Gelebte Start-up-Kultur

Internetbasierte Kommunikationsformen hebeln Hierarchien aus, durchbrechen Wissensmonopole und erlauben es, Themen aus der entferntesten Nische ins Zentrum des Interesses zu holen. Die Struktur von Wissensarbeit ist auf unvergleichliche Weise durch die Digitalisierung beeinflusst. Diese Prinzipien sind nicht mehr auf Kreative, Designer und Webseitenentwickler beschränkt, sondern erfasst auch produzierende Gewerbebetriebe. Die Anzahl an „Makers", technikbegeisterten Kleinproduzenten, wächst stetig. Sie brauchen immer seltener den Zugang zu einer echten Fabrik oder Werkstatt, um ihre Prototypen oder Produkte herzustellen. Das Design stammt aus der CAD-Software des persönlichen Notebooks, die Produktion übernimmt der 3D-Drucker, die Finanzierung kommt von der Crowd, und den Büroplatz teilen sie sich im Coworking-Zentrum, das gleichzeitig als Brutstätte für neue Partnerschaften und Innovationen dient. Auf diese Weise wandeln sich ganze Branchen von großen zentralisierten Strukturen, in deren Orbit wenige abhängige Zulieferer agieren, zu einem bunt durchmischten, kooperativ agierenden Netzwerk aus individuellen Organisationen. Branchenstrukturen ähneln damit künftig eher einem Korallenriff als einem mächtigen Wal mit ihn umschwirrenden Putzerfischen.

Ford und TechShop
Erfindergeist fördern

Immer mehr Konzerne docken an die kreative Welt der Maker an. Automobilhersteller Ford steht beispielsweise in einer Partnerschaft mit dem Coworking Space TechShop. Ford bezahlt den eigenen Mitarbeitern und Ruheständlern 50 Prozent der Monatsgebühr für eine Mitgliedschaft im Coworking Space – denn die Energie und Experimentierfreude der Bastler-Start-ups ist eine gute Quelle für neue Innovationen. „Wenn Henry Ford heute starten würde, wäre er ziemlich sicher Mitglied im TechShop", kommentiert der Leiter von Ford Research die Partnerschaft. *www.techshop.ws*

Radikale Volatilität

Der strukturverändernde Sprengstoff der Digitalisierung wird an der Lunte der Volatilität gezündet. Die Flexibilitätsanforderungen für Unternehmen und Arbeitskräfte steigen, Produktlebenszyklen verkürzen sich, rasch aufeinander folgende Innovationen sind gefragt. Die Arbeit der Zukunft zeichnet sich durch große Veränderlichkeit aus, einerseits der Produkte, aber auch der Strukturen. Angesichts dieser Tatsache müssen sich Unternehmen

" *Zur Bewältigung der Herausforderungen der Zukunft ist ein durchgängiges digitales Mindset erforderlich.*

heutzutage innerhalb weniger Jahre wandeln. Die digital induzierte Transformation verändert praktisch jede Funktion innerhalb des Unternehmens: Produktentwicklung, IT, Produktion, Logistik, Marketing, Vertrieb und Service werden neu definiert. All dies hat erhebliche Auswirkungen auf die klassische Organisationsstruktur von Unternehmen.

Führungsaufgabe: Digitale Exzellenz

Wo deutsche Unternehmen aktuell stehen, hat die Universität Hamburg zusammen mit dem Beratungsunternehmen Sopra Steria Consulting in einer Bestandsaufnahme zur Digitalisierung ermittelt und kommt zu einem eher zurückhaltenden Fazit: Die Einzelgespräche wie auch die quantitative Befragung zeigen, dass „der Vorstand beziehungsweise die Geschäftsführung vieler Unternehmen die Stärke des Transformationsdrucks und den Umfang der notwendigen Digitalisierungsaktivitäten noch nicht in Gänze erkannt oder noch keine adäquaten Veränderungen eingeleitet hat". Demnach haben 42 Prozent der Studienteilnehmer ihre ersten Leuchtturm-Projekte zur Digitalisierung eingeleitet. Doch es wäre fatal, solche Initiativen – so lobenswert sie sind – bereits mit digitaler Exzellenz gleichzusetzen. Sie sind nicht das Ergebnis jener umfassenden Transformation, die in vielen Unternehmen gefordert wäre.

Digital Mindset etablieren

Digitalisierung verlangt danach, über die Optimierung des Bestehenden hinauszureichen und komplett neue Ansätze zu verfolgen. Um daraus nachhaltige Vorteile zu ziehen, müssen sich Unternehmen dazu durchringen, ihre analogen Denkmodelle und Handlungsmuster auf den Prüfstand zu stellen und vielfach radikal zu verändern. Feigenblatt-Maßnahmen wie etwa halbherzige Social-Media-Aktivitäten reichen bei weitem nicht aus, um sich zum digitalen Champion der Zukunft weiterzuentwickeln. Zu häufig werden beispielsweise digitale Kanäle wie traditionelle Medien eingesetzt, also zur Verbreitung von Informationen zu den eigenen Produkten oder zum Unternehmen; bei der Nutzung von Social Media für Innovation und Produktentwicklung sind Unternehmen weitaus weniger mutig (PwC 2014). Dabei ist zur Bewältigung der Herausforderungen der Zukunft längst nicht mehr nur ein tiefgreifendes Verständnis für eine digitale Customer Experience nötig, sondern ein durchgängiges digitales Mindset.

Visionäre, Skeptiker, Experimentierer, Leader
Auf dem Weg zur Digital Leadership zeigen sich beträchtliche Performance-Unterschiede

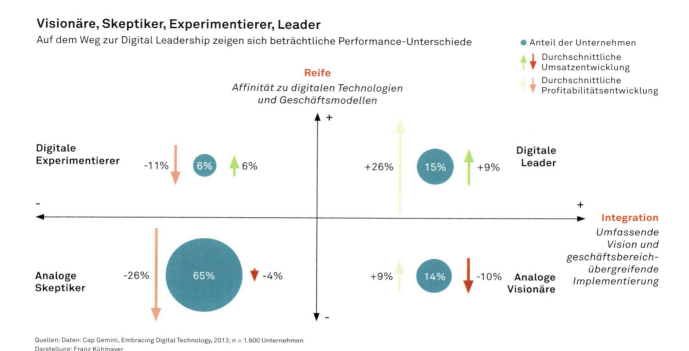

Quellen: Daten: Cap Gemini, Embracing Digital Technology, 2013; n = 1.600 Unternehmen
Darstellung: Franz Kühmayer

Das Beratungsunternehmen Accenture nennt in seiner aktuellen Wachstumsstudie drei Kernbereiche, auf die sich Unternehmen beim Erarbeiten eines digitalen Mindsets konzentrieren sollen: Erstens eine digitale Strategie zu erarbeiten und damit die Digitalisierung in der strategischen Zielsetzung des Unternehmens zu verankern. Zweitens konsequent digitale Angebote zu entwickeln, beginnend von smarten Produkten oder datenbasierten Dienstleistungen, über die Interaktion mit den Kunden bis hin zu Serviceangeboten. Und drittens, als interne Hausübung, selbst digitale Prozesse zu etablieren und damit die Abläufe im Unternehmen zu digitalisieren (Accenture 2015a).

Neue Businessmodelle aktiv vorantreiben
Rasch wird klar: So umfangreich das Spektrum der Handlungsfelder ist, das sich bereits aus diesen drei

Kernbereichen ergibt: Es wird nicht ausreichen. Mehr denn je ist jetzt Strategiearbeit gefragt, die verkrustete Muster aufbricht. Es geht immer öfter darum, sich die Frage zu stellen: Was kann man anders machen, wo sind neue Ansätze und Möglichkeiten? Die Geschäftsführerin der Boston Consulting Group in Österreich, Antonella Mei-Pochtler, spricht treffend von „Benchbreaking statt Benchmarking" (Loudon 2014).

Zukunftsorientierte Unternehmen sind sich im Klaren darüber, dass digitale Businessmodelle auf mehreren Faktoren und Effekten aufbauen:

- **Innovationsfaktor:** Forschung und Entwicklung sind durch Digitalisierung am Ende der Expertokratie angelangt. Nicht länger zählt hermetisch geschütztes Wissen, sondern im Gegenteil die Nutzung einer kollektiv entstandenen Basis von Signalen.

Ralph Lauren
Technik ist nicht alles

Für ein Modeunternehmen wie Ralph Lauren reicht es künftig nicht, dem „Quantified Self"-Trend entsprechend ein Lauf-Shirt anzubieten, das über Sensoren verfügt und Aktivitätsrate und Herzschlag misst. Entscheidend sind die dahinterliegenden Strategiefragen: Wer hat Zugriff auf die ermittelten Daten, in welcher Form können und sollen sie ausgewertet werden und welche neuen Produkte und Dienstleistungen ergeben sich daraus? Soll Ralph Lauren eine Cloud-Plattform aufbauen, um die vom Lauf-Shirt ermittelten Informationen zu speichern, und basierend darauf neue Kleidungsstücke anbieten; oder in eine Partnerschaft mit Apple treten, damit die Sensoren des T-Shirts Daten auf die Apple Watch übertragen können; oder gemeinsam mit Runtastic digitale Fitness-Services anbieten? Es geht um mehr als nur die technologische Anreicherung von Produkten. www.ralphlauren.com

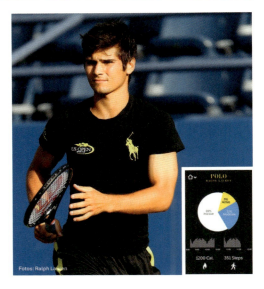

Fotos: Ralph Lauren

- **Experience-Faktor:** Der dauerhafte Zugang zum Kunden, sowohl durch direkte Kommunikation als auch durch bereitgestellte Nutzungsdaten, ermöglicht eine wesentlich präzisere Personalisierung des Produktes.
- **Massive Netzwerkeffekte:** Die soziale Vernetzung re-definiert nicht nur Marketing und Vertrieb entlang der klassischen Kette von Hersteller und Kunde, sondern erlaubt exponentielle Vorteile durch Aufschaukelung im gesamten Wertschöpfungsnetz.
- **Innovative Wertschöpfung:** Digitale Strukturen ermöglichen neue Modelle der Monetarisierung, wie z.B. Dynamic Pricing, Consumption Based Pricing oder Reverse Auctioning, verhaltensorientierte Rabattsysteme oder das Ausnutzen von Preistransparenz.
- **Logistikvorteile:** Von der Optimierung des Warenangebotes durch Big Data bis hin zur digitalen Auslieferung.

Ein wesentlicher Schritt, diese Einflussgrößen in das unternehmerische Handeln übernehmen zu können, ist zunächst die eigene Sensibilisierung. Statt mit gelassener Zurückhaltung abzuwarten, sollten Unternehmen aktiv recherchieren und analysieren, welchen Einfluss bevorstehende Technologien auf ihre Branche haben können. Dabei sollte vor allem auch irritierenden und branchenfremden Impulsen Aufmerksamkeit geschenkt und ein tiefes Verständnis für die zugrundeliegenden Muster erarbeitet werden. Hilfreich ist, durch Cross-Innovation-Methoden vorauszuspüren, wie Player aus anderen Bereichen ihre spezifischen Vorteile transformatorisch auf die eigene Branche übertragen könnten.

Sind Handlungsfelder klar erkannt, muss die Umsetzungskompetenz geschaffen werden, um der Transformation der eigenen Firma zum Durchbruch zu verhelfen: Welche Ressourcen und Kenntnisse stehen zur Verfügung, und welche müssen aufgebaut bzw. akquiriert werden? Wie gelingt der Aufbau eines Ökosystems durch externe Kooperationen und Teilnahme an Plattformen? Die Kernfrage bleibt dabei jene nach tragfähigen und belastbaren digitalen Geschäftsmodellen.

Digitales Businessmodell
Flexibel, offen, vernetzt

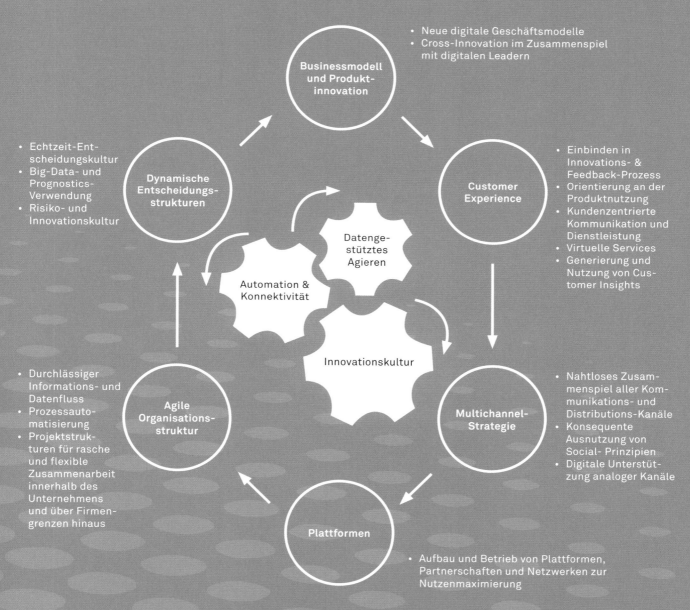

Businessmodell und Produktinnovation

- Neue digitale Geschäftsmodelle
- Cross-Innovation im Zusammenspiel mit digitalen Leadern

Customer Experience

- Einbinden in Innovations- & Feedback-Prozess
- Orientierung an der Produktnutzung
- Kundenzentrierte Kommunikation und Dienstleistung
- Virtuelle Services
- Generierung und Nutzung von Customer Insights

Dynamische Entscheidungsstrukturen

- Echtzeit-Entscheidungskultur
- Big-Data- und Prognostics-Verwendung
- Risiko- und Innovationskultur

Datengestütztes Agieren

Automation & Konnektivität

Innovationskultur

Multichannel-Strategie

- Nahtloses Zusammenspiel aller Kommunikations- und Distributions-Kanäle
- Konsequente Ausnutzung von Social- Prinzipien
- Digitale Unterstützung analoger Kanäle

Agile Organisationsstruktur

- Durchlässiger Informations- und Datenfluss
- Prozessautomatisierung
- Projektstrukturen für rasche und flexible Zusammenarbeit innerhalb des Unternehmens und über Firmengrenzen hinaus

Plattformen

- Aufbau und Betrieb von Plattformen, Partnerschaften und Netzwerken zur Nutzenmaximierung

Modell: Franz Kühmayer, nach einer Idee von McKinsey (Finding your Digital Sweet Spot, 2013)

Digitale Visionen sind Chefsache

Die Transformation zu einem Digital Business ist eine holistische Aufgabe, die das gesamte Unternehmen betrifft und nicht an einzelne Abteilungen delegiert werden kann. Auch eine isolierte Optimierung von Teilbereichen reicht nicht aus, um diese Transformation zu bewältigen. Das scheint angesichts der enormen Tragweite der nötigen Veränderungen einleuchtend zu sein, und dennoch ist es bei weitem nicht gelebte Praxis: Nur fünf Prozent der CEOs weltweit sind an der Formulierung und Umsetzung einer Digitalstrategie ihres Unternehmens federführend beteiligt (KPMG 2014). Die Konsequenz daraus ist verheerend: „Wo die Entwicklung der digitalen Vision an die zweite oder dritte Führungsebene delegiert wird, geht der Anschluss an die digitale Revolution als erstes verloren – IT-Kompetenz ist künftig Chefsache", sagt Frank Riemensperger, Vorsitzender der Geschäftsführung von Accenture Deutschland (Accenture 2013).

Denn digitale Exzellenz lässt sich nur dann erreichen, wenn die Verantwortung dafür in der obersten Führungsebene verankert wird. Auch die notwendigen Veränderungen und Impulse müssen von dort aus aktiv vorangetrieben werden. Das betrifft unter Umständen nicht nur die Geschäftsführung und den Vorstand, sondern auch den Aufsichtsrat. Urs M. Krämer, Chef des Beratungsunternehmens Sopra Steria Consulting, mahnt in diesem Zusammenhang das Fehlen von klar verteilter Verantwortung an und nennt als Beispiel die Tatsache, dass lediglich 17 Prozent der deutschen Unternehmen einen Chief Digital Officer (CDO) oder eine vergleichbare Rolle etabliert haben. Dabei geht es nicht um das Ausprägen einer neuen Funktion auf C-Level, sondern um eine gesamtheitliche Transformation auf der Führungsebene. Der ehemalige Vorstand von American Express, Louis Gerstner, betonte seinerzeit, Amex habe keine Kundendienstabteilung, weil Amex eine

Auf dem Weg zur digitalen Exzellenz

Bewusstsein und Verantwortung auf Management-Ebene

Technologische Fortschritte werden unsere Branche in den nächsten 5 Jahren transformieren.
86%

Das Zusammenspiel zwischen CIO und CMO ist wichtig für den Erfolg der digitalen Transformation unseres Unternehmens.
82%

In unserem Unternehmen gibt es eine digitale Strategie für einen oder mehrere Geschäftsbereiche.
36%

Die Beziehung zwischen CIO und CMO ist schlecht oder nicht vorhanden.
34%

Unser CEO schreibt eine klare Vision für eine Digitalstrategie vor.
21%

Wir verfügen über die notwendigen Fähigkeiten, um eine Digitalstrategie umzusetzen.
15%

Die Beziehung zwischen CIO und CMO ist gut.
15%

Quellen: KPMG, Digital Disruption, 2014 / Forrester, The Future of Business is Digital, 2014 / PwC, Digital IQ, 2014

Kundendienstabteilung sei – in Analogie dazu benötigen Unternehmen heute keine Digital-Abteilung, sondern müssen sich selbst zur Digital-Abteilung entwickeln. Bedrohlicher als das Fehlen eines CDO ist demnach, dass lediglich 36 Prozent der Unternehmen weltweit über eine digitale Strategie für einen oder mehrere Geschäftsbereiche verfügen – für ihre gesamte Organisation setzen gerade einmal acht Prozent auf eine derartige Planung (Penner 2015).

Übergreifende Verantwortung statt CDO

Wenngleich die Benennung eines verantwortlichen Top-Managers also zielführend für das Vorantreiben einer solchen Planung oder Strategieentwicklung sein kann, sind einzelne Entscheider häufig von den bestehenden vertikalen Strukturen beeinflusst, so dass sie nicht in der Lage sind, eine übergeordnete Vision und Strategie für die digitale Transformation des Unternehmens vorzugeben. Viel eher geht es um vernetztes Denken und reibungslose Abstimmung zwischen den Bereichen. Die einzelnen Abteilungen eines Unternehmens denken nicht immer in die gleiche Richtung, sondern setzen oft unterschiedliche Prioritäten. Im Zusammenhang mit dem digitalen Wandel gefährdet das die Wettbewerbsfähigkeit und den Bestand des Unternehmens. Während fast alle Führungskräfte beispielsweise das Zusammenspiel zwischen CIO und CMO als wichtig für den Erfolg der digitalen Transformation einschätzen, bewertet weniger als ein Fünftel der Unternehmen die Beziehung zwischen diesen Bereichen als gut, ein Drittel spricht gar von schlechter oder überhaupt keiner Beziehung zwischen diesen beiden Entscheidungsträgern (Penner 2015).

Die klare Empfehlung muss daher lauten, Mechanismen und Strukturen zu errichten, die eine interdisziplinäre Zusammenarbeit zwischen den einzelnen Funktionen im Rahmen des Erarbeitens einer Digitalstrategie fördern. Eine Möglichkeit dazu könnten unternehmensinterne Inkubatoren sein, Testlabors, in denen neue Technologien und Entwicklungen ausprobiert und gelernt werden können, deren Ergebnisse der gesamten Organisation zur Verfügung gestellt werden. Die dazu notwendigen Budgets und Freiheitsgrade sind explizit bereitzustellen.

> *Digitale Exzellenz lässt sich nur dann erreichen, wenn die Verantwortung dafür in der obersten Führungsebene verankert wird.*

Digitale Kompetenz und Kultur

Das kulturelle Mindset einer Organisation prägt immer stärker den Kern des Handelns und wird in vernetzten Zeiten erfolgsentscheidend. Der entscheidende Effekt der Automatisierung wirkt paradoxerweise nicht technologisch, sondern kulturell. Um in der digitalen Ökonomie erfolgreich zu sein, brauchen Betriebe vor allem eine tiefgreifende Veränderung hin zu einer zukunftsfähigen Unternehmenskultur: Es bringt nichts, über Software, smarte Produkte und Roboter nachzudenken, wenn nicht im gleichen Atemzug auch über Selbstverantwortung, Individualisierung, Autonomie und flexible Projektkulturen nachgedacht wird.

Zielsetzung muss daher sein, digitale Werkzeuge ins Unternehmen einzuführen und parallel dazu Handlungsweisen und Organisationsprozesse zu überdenken und zu überarbeiten. Die Kunst der digitalen Transformation besteht darin, ein Umfeld zu schaffen, das die neuen Entwicklungen aufnimmt und vorantreibt, ohne dass sie zum verspielten Selbstzweck werden, der vom Kerngeschäft ablenkt.

Führungskräfte müssen sich mit radikal neuen Technologien intensiver beschäftigen, neue Businessmodelle schneller verstehen und ernst nehmen und beiden innerhalb des eigenen Unternehmens einen zukunftsträchtigen Nährboden bieten. Dem hohen Tempo und der disruptiven Kraft der Digitalisierung kann man nicht mit einer Vollkasko-Mentalität begegnen, bei der es gilt, keine Fehler zu machen. Stattdessen zählen Offenheit, Neugierde, Durchlässigkeit und Kommunikation. Und das bewusste Sich-Einlassen auf Disruption als Grundprinzip. Diese Eigenschaften und Fähigkeiten sind entscheidend für ein Digital Mindset.

Permanent Beta als Strategie

Unterstützung naht von neuen Organisationsprinzipien wie etwa den aus der Software-Entwicklung bekannten agilen Methoden. Damit können nicht nur neue Softwarefunktionen, sondern insgesamt neue Business-Capabilities in kürzeren Zyklen als bisher in den Betrieb überführt werden. Statt jahrelang am perfekten Prozess zu feilen, werden auch funktionierende, aber unperfekte Lösungen akzeptiert: Permanent Beta bedeutet nicht, vom Qualitätsdenken abzugehen, sondern die Beweglichkeit des Unternehmens aufzuwerten. Denn im Rahmen von strategischen Transformationen bewährt sich zunehmend ein flexibles Vorgehen in kleineren Schritten bei der Umsetzung. Auf diese Weise können Unternehmen schnell auf geänderte Anforderungen reagieren und erhalten frühzeitig Feedback und Erfolgskontrolle.

Nur 15 Prozent der Unternehmensvorstände sind der Überzeugung, dass sie über die notwendigen Fähigkeiten verfügen, um eine Digitalstrategie umzusetzen (Forrester Research 2014). Eine Methode, dem zu begegnen, ist der konsequente Kompetenzaufbau. So hat z.B. BMW im April 2015 den Bereich „Digitale Services und Geschäftsmodelle" gegründet. Hier arbeiten mehr als 150 Mitarbeiter an der Entwicklung und dem Betrieb neuer digitaler Dienste – komplett losgelöst von der eigentlichen Fahrzeugentwicklung. Dass BMW die Cloud-Dienste eher als Service für den Kunden denn als technischen Bestandteil des Autos sieht, zeigt auch die Tatsache, dass die neue Abteilung Aftersales-Vorstand Peter Schwarzenbauer untersteht – und nicht Entwicklungschef Klaus Fröhlich.Eine andere Methode ist es, gezielt Wissen an Bord zu holen, im Rahmen von Arbeitsmarktmaßnahmen oder auch durch Partnerschaften und Akquisitionen.

Outcome-Economy: Ergebnisorientierung

Vertriebsleiter müssen vielfach auf Kundendienstchef umlernen, denn in der Welt der smarten Produkte und des Usage-based Pricing ist der erstmalige Verkauf weniger wichtig als die Nutzung und die daraus abgeleiteten Servicemodelle. Digitale Produkte schaffen eine „Outcome Economy" (Accenture 2015b), in der es um Ergebnisse geht, nicht um Waren. Kunden haben schon immer Produkte gekauft, um bestimmte Ziele in ihrem Leben zu verwirklichen: Menschen kaufen Bohrmaschinen nicht wegen der Maschine an sich, sondern weil sie Bilder aufhängen wollen; sie kaufen Kühlschränke nicht, weil ihnen an kalten Lebensmitteln liegt, sondern weil sie ihnen Flexibilität in der Gestaltung ihres Alltags ermöglichen.

Neu ist, dass digitale Produkte dem Hersteller auf vielfältige Weise Rückmeldung geben, wie sie eingesetzt werden, und ihm damit Einsicht in das oft schwer nachvollziehbare Verhalten von Kunden geben. Diese Einsicht muss allerdings auch genutzt werden. Unternehmen, die es gewohnt sind, fertige Produkte zu verkaufen, stehen vor der enormen Herausforderung, zu lernen, als Dienstleister auf die Bedürfnisse der Kunden einzugehen und den Servicegedanken zu leben. Mit einem Mal wird Personalisierung und Individualisierung möglich und wichtiger als klassisches Segmentieren von Zielgruppen.

Die Zeit des Lenkens ist vorbei

Streckenweise ist auch Branchenwissen hinderlich, vor allem dann, wenn es zu verkrusteten Denkmustern führt. „Ich hatte keinen Finanzhintergrund, meine Mitgründer hatten auch keinen, und wir haben niemanden eingestellt, der in der Finanzindustrie gearbeitet hatte, bis wir auf 25 Mitarbeiter angewachsen waren", beschreibt Jack Dorsey, der CEO von Square, die Kompetenzstrategie und begründet sie folgendermaßen: „Wir haben es damit geschafft, jene Produkte zu entwickeln, von denen wir meinen, dass die Welt sie braucht, und nicht indem wir tun, was andere meinen" (Lapowski 2013). Nebeneffekt: Umständliche Kommunikation, wie sie in Banken und Versicherungen bisweilen im Kundenkontakt herrscht, findet nicht statt, im Gegenteil: „Square macht einen fantastischen Job darin, Bankterminologie so zu vermitteln, dass man sie leichter versteht", bringt es eine Kundin auf den Punkt. Das soll nicht heißen, dass Branchenkompetenz unnötig ist – die Frage ist eher, was sich schneller und besser erlernen lässt: analoge Branchenkenntnisse oder digitale Disruption.

In jedem Fall ist es nötig, nicht nur auf die Qualifizierung von Mitarbeitern zu achten, sondern auch Führungskräfte persönlich auf die digitale Transformation vorzubereiten. Und zwar sowohl in ihrer Kompetenz als auch in ihrer Kultur. Für Manager ist das eine bedrohliche Botschaft, für Leader eine erfreuliche: Die Zeit des Lenkens war gestern, die Ära des Verwaltens ist vorbei, Unternehmen stehen am Beginn einer großen wirtschaftlichen Revolution.

Den Wandel sofort beginnen

Betroffen vom digitalen Wandel ist jedes Unternehmen, und das bereits heute. Der Management-Vordenker Ram Charan weist auf die Dringlichkeit des Unterfangens hin: Jedes Unternehmen, das nicht schon heute eine Art mathematischer Think-Tank sei oder plane, in Kürze einer zu werden, habe im Grunde den Anschluss bereits verpasst. In der Umsetzung geht es weniger um den Big Bang im Jahr 2020, auf den man hinarbeitet, sondern um eine zügige Umsetzung von im Einzelnen überschaubaren, parallel laufenden Einzelvorhaben, die mit jedem Schritt erkennbare Verbesserungen nach sich ziehen. Und die dennoch in eine übergeordnete Strategie eingebunden sind.

FALLBEISPIEL

REWE und Home24
Frisches Wissen von außen

Das Handelsunternehmen Rewe hat sich Anteile am Online-Möbelhändler Home24 gesichert – Hauptinvestor ist der weltgrößte Internet-Inkubator Rocket Internet. Längst gelten die Samwer-Brüder, die Gründer von Rocket Internet, als Koryphäen im E-Commerce. „Wir müssen von diesen Verrückten lernen, denn uns fehlt das Online-Gen in unserer Händler-DNA", begründet der Rewe-Chef Alain Caparros die Beteiligung an Home24 (Weiguny 2013). Dabei geht es nicht nur um Digitalkompetenz im engeren Sinne, sondern auch um ein Durchlüften bestehenden Wissens im Unternehmen.
www.rewe-group.com; www.home24.de

Foto: Home24

Digital Decision Making

Datenbasierte Entscheidungs-findung braucht Intuition

Bei der Entscheidungsfindung im digitalen Zeitalter unterliegen Menschen immer mehr dem Confirmation Bias. Damit bezeichnen Kognitionspsychologen die Neigung, Informationen, die kongruent mit den eigenen Vorstellungen sind, höher zu bewerten, während hingegen Fakten, die gegen die Intuition sprechen, eine geringere Bedeutung beigemessen wird. Ein Effekt, der nicht nur beim Treffen von Entscheidungen selbst eintritt, sondern bereits zuvor im Rahmen der Recherche wirkt: Bereits bei der Informationssuche und -auswahl sind wir nicht objektiv. Nur eine von zehn Führungskräften folgt der datenbasierten Empfehlung, wenn sie nicht ihrer Intuition entspricht (APT 2014).

Confirmation Bias

Der gefährliche Bestätigungsfehler

Innovations-grad	Wert-schätzung durch das Management	Zugewiesener Anteil an F&E-Budget	Rendite-erwartung des Managements	Tatsächlich erzielte Rendite
Produktpflege	Mittel	31%	6,8%	3,7%
Verbesserung	Hoch	22%	14,9%	6,9%
Erneuerung	Mittel	16%	15,1%	11,8%
Durchbruch	Gering	7%	9,1%	14,7%

Der überwiegende Anteil des F&E-Budgets von Unternehmen fließt in Bagatellinnovationen, weil marginale Verbesserungen die höchste Anerkennung des Managements genießen. Dagegen werden radikale Innovationen, die nicht kongruent mit den Vorstellungen der Entscheider sind, traditionell nicht gefördert. Konsensfähigkeit ist ausschlaggebender als die eindeutige Datenlage zum Ertrag. Doch die Zukunft von Unternehmen wird nicht auf der Routineebene verhandelt werden.

Daten aus: Pillkahn: Strategieentwicklung. 2007.

Datenkuratierung statt Informationsflut

Dabei ist es a priori nicht falsch, sich auf sein Bauchgefühl zu verlassen. Die Erfahrung lehrt uns: Nicht immer liefern kühl und mit rationaler Logik agierende Computersysteme bessere Ergebnisse. Auch intuitive Reaktionen, die automatisch ablaufen und emotional geprägt sind, können wertvolle Inputs für unseren Entscheidungsprozess bereitstellen. Intuition – das auf langjährigem Erfahrungswissen aufbauende Erkennen von Mustern jenseits der rein rationalen Fähigkeiten – hat jedoch den entscheidenden Nachteil, in Entscheidungslagen bei disruptiven Veränderungen per definitionem nicht angemessen zu sein. Wenn die Rahmenbedingungen, unter denen sich das Erfahrungswissen ausgebildet hat, nicht mehr aktuell sind, haben auch die daraus abgeleiteten Schlussfolgerungen keine Gültigkeit mehr.

Auch andere, in der Vergangenheit bewährte Entscheidungsverfahren werden durch die Sprengkraft der Digitalisierung hinweggerafft. Ein Beispiel: Der Versuch, Verständnisgewinn über Einsicht in Details zu erzielen („Drill Down"), führt angesichts eines schier endlosen Universums an Daten und Optionen nicht zum Ziel. Doch längst ist nicht mehr die reine Informationsmenge das Problem, die Herausforderung liegt eher darin, die richtigen Filter zu setzen. Das Kuratieren dieser Daten rückt in den Mittelpunkt der Betrachtung.

Wettbewerbsvorteil Daten

IBM hat in einer Studie die Performance von Unternehmen an ihrem jeweiligen Branchendurchschnitt gemessen und untersucht, was jene Firmen, die kontinuierlich über dem Durchschnitt liegen, auszeichnet. Der Umgang mit Daten gehört dabei zu den entscheidenden Faktoren: Erfolgreiche Unternehmen haben mehr Zugang zu Daten, ziehen in höherem Maß aussagekräftige Schlüsse daraus und sind vor allem in der Lage, ihre so gewonnenen Einsichten in Maßnahmen zu übersetzen. Sie seien „insight driven", also von der Einsicht

---

Amazon
Future Based Decision Making

Mittlerweile werden Entscheidungen nicht mehr aufgrund von historischen Daten getroffen, sondern aufgrund möglicher zukünftiger Ereignisse. Im Dezember 2013 hat Amazon ein Patent für den antizipatorischen Versand erhalten. Das Patent beschreibt eine Methode, Waren auf den Weg zum Kunden zu bringen, ohne dass bereits eine tatsächliche Bestellung eingegangen wäre – Pakete werden in eine bestimmte Region geliefert, in der reinen Erwartung, dass eine Bestellung unmittelbar bevorsteht. In immer mehr Branchen wird Machine Learning eingesetzt, um Verständnisgewinne über künftige Szenarien zu erzeugen, die mit klassischen Regressionsanalysen nicht darstellbar sind. Die Blickrichtung ist also streng in die Zukunft gerichtet, wer nach hinten schaut, hat scheinbar schon verloren.

Foto: Flickr, Dieter R, CC BY

angetrieben, nennt IBM das (IBM 2012). Erschreckend allerdings: Das IT-Marktforschungsunternehmen Gartner prognostiziert für das Jahr 2015, dass 85 Prozent der Top-500-Unternehmen weltweit die Kompetenz fehle, einen wirtschaftlichen Vorteil aus ihren vorhandenen Daten zu ziehen (Laney 2012).

Neue Ökonomie der Entscheidungsfindung

Manager agieren in einer Welt, die von Informations-splittern übersät ist, die sich zunehmend miteinander vernetzen. Überblick zu bewahren – geschweige denn, Durchblick zu gewinnen – scheint unmöglich. Doch aus dem vernetzten System gibt es kein Zurück mehr in eine analoge Welt. Es wird also ein neuer Code benötigt, um damit umzugehen. Damit zielführende Entscheidungen für Manager nicht zur illusorischen Fata Morgana werden, müssen Führungskräfte eine neue Ökonomie der Entscheidungsfindung erlernen. Dazu sind drei Schritte vonnöten:

1. **Datenkompetenz erwerben:** Keine Führungskraft kann in Zukunft ohne solide Kenntnisse über Herkunft, Kombinatorik und Aussagekraft auch komplexer Daten-strukturen auskommen. Unabhängig vom Fachbereich dürfen Begriffe wie Big Data, Analytics oder Machine Learning keine Fremdworte mehr sein, sondern müssen zum alltäglichen Sprachgebrauch und zur selbstver-ständlichen Arbeitstechnik von Managern zählen. Im gleichen Maße, in dem sie ihre persönliche Kompetenz dahingehend erweitern, müssen sie dies auch von allen Mitarbeitern des von ihnen verantworteten Geschäfts-bereichs einfordern.

2. **Entscheidungsarchitektur überarbeiten:** In vielen Unternehmen stammen die Entscheidungs-strukturen und -rhythmen aus ruhigeren Zeiten. Die Dynamisierung und die Digitalisierung der Wirtschaft erfordern eine Öffnung von Datensilos und einen transparenten Umgang mit Informationen im Unternehmen; eine Adaption von Berichtspfaden, mit dem Ziel, Geschwindigkeit und Qualität zu erhöhen; und eine Synchronisation von Beschluss- und Handlungsebene.

3. **Ausgezeichnetes Informationsdesign einfordern:** Allzu oft sind Schaubilder, die als Entscheidungs-grundlage dienen, irreführend. Dabei muss man dem Erzeuger der Unterlagen nicht einmal böse Absicht oder Nachlässigkeit unterstellen. Wir müssen erst noch lernen, die Komplexität von Sachverhalten und dateninduzierten Erkenntnissen auf transparente Weise darzustellen. Aus dem Chart-Junk der Excel- und Powerpoint-Ära hat sich in den letzten Jahren das Feld des „Infoporn" entwickelt, bei dem ästhetischer Wert oft höher zählt als tatsächliche Aussagekraft. Doch auch wenn es sich um ein Feld handelt, das sich noch im Aufbau befindet, oder wenn viele Darstellungen ohnehin automatisiert sind, sollten Entscheidungs-träger nicht nachlässig in ihrer Forderung werden, nur die allerbesten und aussagekräftigsten Visualisierungen zu akzeptieren.

Entscheidungskultur in komplexen Systemen

Noch wichtiger als das Beherrschen der instrumentellen Ebene der Datenkompetenz wird es in Zukunft jedoch sein, die eigene Rolle auf den Prüfstand zu stellen. Die Eigendynamik der eng verflochtenen Netzwerke, die Führungskräfte unternehmensintern und -extern im Auge behalten müssen, erhöht die Wahrscheinlichkeit nichtlinearer Effekte. Wir leben in exponentiellen Zeiten. Wer diese Tatsache anerkennt, muss auch zum Schluss kommen, dass die üblichen Planungshorizonte grundsätzlich außer Kraft gesetzt werden. Es wird immer schwieriger, Ursache und Konsequenzen in eine nachvoll-ziehbare Relation zueinander zu stellen, und zunehmend unmöglich, langfristige Vorhersagen zu machen.

Manager ziehen aus ihrer Entscheidungsfähigkeit letztlich die Daseinsberechtigung im Unternehmen. Daher haben sie sich im Tsunami der auf sie einströmenden Daten persönliche Strategien zurechtgelegt, um dem kognitiven Kontrollverlust zu entgehen – vielfach unbewusst und häufig mit unglücklichen Konsequenzen. Die einen begegnen dem inflationären Effekt der Datenmenge mit einer Deflation des Handelns und vertagen die Entschei-dung. Die anderen setzen dem Datenstrom Hyperaktivität entgegen und lösen beim kleinsten Skalenausschlag auf

Big-Data-Reifegrade
Vom Datensammeln bis zur prognostizierenden Analytik

Predict

Der höchste Reifegrad ist die prognostizierende Analytik. Sie verwendet Simulationen und in die Zukunft gerichtete Modelle zur Problemlösung. Dazu gehören bspw. Risikoprognosen, Kundenverhaltensantizipationen, Trendvorhersagen und das Herstellen komplexer Zusammenhänge von Daten aus sehr unterschiedlichen, nicht ursächlich miteinander verknüpften Quellen (bspw. Wetter/Konsumverhalten). Ziel ist es, entscheidende Beiträge zur strategischen Unternehmensplanung und -entwicklung zu leisten.

Was
wird
geschehen?

Analyze

In der dritten Stufe werden analytische Systeme und statistische Modelle dazu verwendet, Problemlösungsstrategien zu entwickeln. Aktivitäten umfassen etwa Segmentierungen, Cluster-Bildungen und das Herstellen von Zusammenhängen zwischen historischen Ursache/Wirkungs-Prinzipien. Zielsetzung ist die Ableitung von praktisch umsetzbaren, taktischen Lösungen (bspw. Optimierung von Marketingkampagnen), wobei sich Unternehmen in dieser Phase zunächst auf existierende Daten stützen.

Warum
ist es
geschehen?

Report

Die zweite Stufe macht sich die zur Verfügung stehenden Daten operativ durch Berichte zu Nutze. Dabei werden Ergebnisse auf Zeitachsen geprägt, um Entwicklungen zu verstehen; Auswertungen verglichen (Benchmarking) und Indikatoren visualisiert (Cockpit). Im Ergebnis werden Reports für verschiedene Anwendungen und Benutzer erstellt und für die Unternehmensführung Dashboards und Scorecards bereitgestellt.

Was
ist
geschehen?

Collect

In der ersten Phase geht es zunächst darum, Datenkompetenzen aufzubauen, Datenquellen zu explorieren, zu erschließen und zu integrieren. Dazu gehört das Anzapfen strukturierter Daten (ERP, CRM), unstrukturierter Daten (Social Listening) und zunehmend auch von Daten aus smarten Produkten.

Was
können
wir
wissen?

Modell: Franz Kühmayer

der Scorecard hektische Betriebsamkeit im Unternehmen aus. Manager können sich künftig nicht mehr darauf verlassen, dass sie ein natürliches Talent für Entscheidungsfindung haben, sondern müssen bewusst und konsequent den Umgang mit Big Data lernen.

Das alte Managementprinzip „Chose your battles wisely" gilt nicht mehr – immer seltener haben Führungskräfte die Wahl, welcher Herausforderung sie sich stellen. Zu sehr tauchen aus allen Richtungen Impulse auf. Die Systeme der Wirtschaft von morgen sind nicht mehr kompliziert – sie sind komplex. Daher ist der Versuch der Dekonstruktion nicht mehr zielführend – Aufgabenstellungen der Zukunft lassen sich immer seltener in kleinere, entscheidbare Einzelprobleme zerlegen, sondern müssen als holistisches Problem erkannt und bearbeitet werden. Mit konventionellen Denkmustern ist keine effiziente Lösung mehr in Sicht. Lineare Managementsysteme wie etwa MbO (Management by Objectives), starre Budget- und Reportingprozesse können nicht mehr zu den gewünschten Ergebnissen führen. Denn wo es keine einfachen Fragen mehr gibt, kann es auch keine einfachen Antworten geben.

Was bewahrt Führungskräfte also vor dem Komplexitätskollaps? Der Königsweg führt über fünf kulturverändernde Schritte:

1. **Verantwortung dezentralisieren:** Wenn ein System zu komplex wird, so dass es sich nicht mehr zentralistisch steuern lässt, muss die Kontrolle auf die lokale Ebene abgegeben werden. Das Kommando von der Brücke wird abgelöst durch weitgehend autonome, sich selbst steuernde Einheiten. Um nicht im Chaos der Beliebigkeit zu versinken, sind weit offene Kommunikationskanäle zwischen den einzelnen Einheiten, leicht zugängliche Dialogflächen und auf maximale Durchlässigkeit ausgelegte Hierarchiestrukturen entscheidend.

2. **Bürokratie außer Kraft setzen:** Gerade in größeren Organisationen ist es eine zentrale Aufgabe von Managern, nach maximaler Einfachheit in Prozessen, Abläufen und Vorschriften zu trachten. Die Flucht aus der Verantwortung in überbordende Regelwerke geschieht schleichend, sie behindert allerdings nicht nur die Flexibilität und Agilität der Organisation, sondern vor allem auch Engagement und Initiative der Mitarbeiter. An die Stelle von Regeln muss Vertrauen treten.

3. **Perspektivenwechsel anwenden:** Handlungs- und Denkmuster halten sich oft hartnäckig, nicht zuletzt wenn sie über längere Zeit hinweg erfolgreich waren. Führungsaufgabe ist daher das Abschneiden von alten Zöpfen, um neue, zukunftsfähige Bilder entstehen zu lassen. Schon die einfache Frage „Was kann ich tun?" ist lohnender als „Was soll ich tun?". Wer den Blickwinkel ändert, erkennt Alternativen zu den ursprünglich ins Auge gefassten Optionen. Schlüsselmaßnahmen dafür sind die Steigerung der Diversität im Unternehmen und der gezielte Abbau der Konsensorientierung, insbesondere gegenüber Führungskräften.

4. **Fehler machen, immer wieder aufs Neue:** Mit den Schlagworten Rapid Prototyping und Permanent Beta wird ein agiles, adaptives Vorgehen bezeichnet, nach dem Motto: Es ist besser, heute ungefähr richtig zu entscheiden als irgendwann einmal exakt. Dazu müssen sich Menschen angstfrei einbringen können und Neues wagen dürfen. Dem Risiko eines allzu sprunghaften Kurses müssen eine klare Unternehmensvision und rasche, transparente Feedbackschleifen gegenübergestellt werden.

5. **Reflexion und Faszination zulassen:** Sobald die Daten über den Kopf wachsen, sollte man darauf achten, eine Undifferenziertheit des Denkens nicht zuzulassen, sondern Zeit und Raum zu schaffen, sich mit grundlegenden Aufgabenstellungen qualitativ hochwertig zu beschäftigen. Systemisches Denken ist uns nicht in die Wiege gelegt, umso eher muss es gelernt und geübt werden. Dazu gehört auch die Ermutigung, Fragen zu stellen und sich auf neues, unbekanntes Terrain zu wagen. Wachsamkeit, Vernetzung und das Zulassen von auch irritierenden Inputs sind die Grundlage für richtige Bewertungen. Sie erweitern den Lösungsraum.

Strategien der Entscheidungsfindung

Mit welcher dieser Herangehensweisen fällen Sie wichtige Management-Entscheidungen?

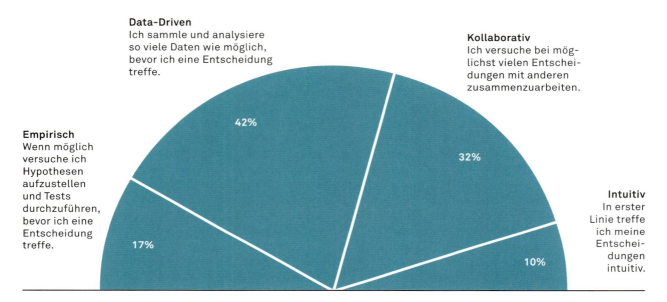

Data-Driven
Ich sammle und analysiere so viele Daten wie möglich, bevor ich eine Entscheidung treffe.

Kollaborativ
Ich versuche bei möglichst vielen Entscheidungen mit anderen zusammenzuarbeiten.

Empirisch
Wenn möglich versuche ich Hypothesen aufzustellen und Tests durchzuführen, bevor ich eine Entscheidung treffe.

Intuitiv
In erster Linie treffe ich meine Entscheidungen intuitiv.

42% 32% 17% 10%

Quelle: APT: Decisive Action, 2014.
Befragung von 174 Führungskräften in Europa, Nordamerika und Asien-Pazifik.

Vom Macher zum Enabler

Für Leader der Zukunft bedeutet dies einen gravierenden Bewusstseinswandel: Die Akzeptanz von fehlender Planbarkeit und unentscheidbaren Lagebildern trägt naturgemäß zu einer Verunsicherung in Führungsetagen bei und definiert das Rollenbild der Führungskraft neu. Es braucht keinen starken Macher, der alles im Griff hat, sondern jemand, der sich angstfrei und neugierig auf unkalkulierbare Marktdynamiken einlassen kann und die Fähigkeit zur professionellen Gestaltung ergebnisoffener Prozesse hat. Führung im Wandel benötigt ein hohes Maß an Ambiguitätstoleranz und das Verständnis, dass Steuerung künftig weniger mit dirigistischen Eingriffen in das System zu tun hat, sondern vielmehr mit Kulturarbeit im Sinne von hoher Achtsamkeit und Empathie.

Paradoxerweise erfordert also gerade das Übermaß an rationaler Informationsdichte ein Loslösen vom mythischen Gedanken des unfehlbaren Entscheiders und von rein kognitiven Strategien. Der Ausweg aus der Komplexität liegt weiterhin in der Hand der Führungskraft: Die normative und die strategische Ebene der Führungsarbeit gewinnen zunehmend an Bedeutung, Leadership bedeutet mehr denn je, Gestaltungswillen zu zeigen und Kultur vorzuleben.

Rationalität und Intuition

Neue Informationstechnologien meistern zwar zunehmend komplexe kognitive Aufgaben, zu guten Entscheidungen gehört aber weiterhin nicht nur datengestütztes Funktionswissen, sondern auch Erfahrungswissen und vor allem Kulturarbeit. Solange Artificial Intelligence noch nicht der große Durchbruch gelungen ist, verschaffen Fähigkeiten wie Kreativität, Risikobereitschaft und Innovationsgeist Menschen wesentliche Vorteile gegenüber Maschinen. Wie Entscheidungen in Unternehmen fallen, sollte daher von einem dialektischen Gedanken geprägt werden: Ob Computersysteme die Fähigkeiten von Führungskräften unterstützen und erweitern oder ob Manager zunehmend von den Datenströmen instrumentalisiert werden, hängt nicht zuletzt von ihrer eigenen Bereitschaft ab, sich auf neue, digitale Entscheidungsmodelle einzulassen und ihre Kompetenz im Umgang mit komplexen Aufgabenstellungen zu erweitern.

FALLBEISPIEL

Foto: picjumbo by Viktor Hanacek

Serious Gaming
Entscheiden spielerisch lernen

Zahlreiche Unternehmen setzen in der Führungskräfte-Entwicklung auf Serious Gaming, spielerische Lernsoftware. So spielen etwa bei der Deutschen Telekom Abteilungsleiter, die bis zu 200 Mitarbeiter führen, „Marga", einen Klassiker der Wirtschaftssimulation. In diesem auf wissenschaftlicher Grundlage entwickelten Spiel treten Managerteams gegeneinander an und erleben die Folgen ihrer Entscheidungen. Telekom-Personalentwicklerin Sabrina Saam ist begeistert vom Wettkampfgedanken: „Die Spieler sind ehrgeizig und ambitioniert, sie sitzen freiwillig über dem Rechner und lernen dabei viel über Gruppendynamik und sich selbst." Der Versicherungskonzern Allianz setzt auf „The Hunt for Shalimar". Bei dieser digitalen Schatzsuche, die sich an Führungskräfte richtet, müssen die Teilnehmer ständig Entscheidungen fällen, die sich auf Zeit, Geld und Motivation ihrer Mitarbeiter auswirken – der Computer wertet aus und zeigt den Spielern an, wie es um ihre Chefqualitäten steht. Cap Gemini, Daimler, Bosch, Münchner Rück – quer durch alle Branchen nutzen führende Unternehmen Computerspiele zur Kompetenzerweiterung ihrer Manager (Lemmer/Obmann 2014).

Digital Workforce

Mitarbeiter werden zu Daten-Experten

Die rasante Digitalisierung bedeutet für Unternehmen nicht nur, Strukturen und Organisationsformen zu hinterfragen. Sie hat vor allem auch einen tiefgreifenden Wandel in der Personalpolitik zur Folge. Smarte Fabriken brauchen smarte Mitarbeiter. Bei aller Wichtigkeit von realer Produktion – die Digitalisierung zeigt vor allem auch in eine Richtung, in der das algorithmische über das physikalische Prinzip hinausreicht. So wie in der IT-Abteilung die Cloud den Serverraum ersetzt, werden künftig alle Bereiche des Unternehmens von Software dominiert sein. Nicht die Maschine an sich stellt den Wert im Anlagevermögen dar, sondern das, was sie zu leisten imstande ist. In der Konsequenz wird branchenunabhängig jedes Unternehmen zum Software-Unternehmen und daher jeder Mitarbeiter zum Knowledge Worker. Schon jetzt verbergen sich hinter den 25 Prozent Arbeitnehmern in der deutschen Industrie vor allem Ingenieure, Entwickler, Prozessexperten und Automatisierungsspezialisten. „Die Industrie ist in Deutschland deshalb so erfolgreich und innovativ, weil sie längst Wissensarbeit ist, sie ist sogar ihr harter Kern", schreibt Wolf Lotter über die Industrie 4.0.

Stop keeping the lights on

Allzu oft wird die Verantwortung dafür, digitale Kompetenzen im Unternehmen auszuprägen und die Organisation datenfit zu machen, an die IT-Abteilung delegiert. In erster Näherung ist das eine gerechtfertigte Schlussfolgerung. Wenn Informationen als Goldgrube für Unternehmen gelten, kommt dem CIO die zentrale Aufgabe zu, den Wissensschatz der Firma zu heben. Doch das ist offenbar schwerer, als man annehmen würde. Denn dass das I in CIO für Information und nicht für Technologie steht, scheinen manche CIOs über ihrer Begeisterung für Hardware, Software, Clouds und Devices gelegentlich zu vergessen. Auch der anhaltende Fokus der IT-Abteilungen auf Effizienzsteigerungen und Senkung ihrer eigenen Kosten zielt an der zentralen Aufgabenstellung vorbei. Unter dem Begriff KTLO („Keeping The Lights On") fassen Experten die systemerhaltenden Aktivitäten der IT-Abteilung zusammen und mahnen seit langem, den hohen budgetären und zeitlichen Fokus zu senken. Bis zu 85 Prozent der IT-Budgets sind dafür in Unternehmen vorgesehen – hier sind die Prioritäten klar falsch gesetzt (Bridgewater 2013). „IT spends the majority of its budget to keep the lights on in the house – but nobody is at home anymore", kommentiert Derek Britton vom Softwareunternehmen Micro Focus.

Audi – *Neue Arbeitsplätze durch Industrie 4.0*

Audi ist längst auf dem Weg zu einer Smart Factory: In der Fertigung werden Roboter und vernetzte Maschinen eingesetzt, die miteinander sprechen und selbstständig arbeiten. Der Automobilhersteller bietet 2015 erstmals eine Ausbildung zum Fachinformatiker mit Fachrichtung Systemintegration an. Die Auszubildenden werden permanent mit Robotern arbeiten und lernen, wie Maschinen programmiert und gesteuert werden. *www.audi.de*

Foto: Audi AG

CIO – Vom Nerd zum Strategen

Dabei ist ein Information Officer, der seiner Rolle gerecht wird, mehr denn je gefragt. Es ist allerdings nicht länger Hauptaufgabe, bereits getroffene strategische und operative Entscheidungen in Technologie zu übersetzen, sondern umgekehrt Daten und Informationen zu strategischen Assets des Unternehmens werden zu lassen. Durch den zunehmenden Vernetzungsgrad zwischen Business und IT entstehen neue Berührungspunkte für IT-Abteilungen, damit wandelt sich auch das Anforderungsprofil an IT-Mitarbeiter. Sie müssen künftig verstärkt in interdisziplinären Teams mit Kollegen aus dem Vertrieb, Marketing und anderen Bereichen gemeinsam problem- und businessorientiert arbeiten. Für die erfolgreiche Zusammenarbeit müssen Mitarbeiter ein entsprechendes Verständnis für die Anliegen der jeweils anderen Fachabteilungen entwickeln. Für IT-Spezialisten sind Medienkompetenz, Wirtschaftserfahrung, Teamorientierung, Kommunikationsfähigkeit und Sozialkompetenz ebenso wichtige Voraussetzungen geworden wie exzellente Fachkenntnisse.

Digital-Kompetenz ist künftig nicht mehr in der IT zentralisiert, sondern über das gesamte Unternehmen verteilt. Aus diesem Grund verschwindet die Unterscheidung zwischen IT-Mitarbeitern und Mitarbeitern anderer Fachabteilungen zunehmend. Doch die Unternehmensberatung Capgemini hat festgestellt, dass die größte Hürde für die Digitalisierung von Unternehmen im deutschsprachigen Raum das Fehlen an qualifizierten Mitarbeitern mit Big-Data-Kenntnissen ist (Capgemini 2015).

Top-Job: Data Scientist

Vor wenigen Jahren haben nur Spezialunternehmen im Softwarebereich wie etwa Mindbreeze nach Data Scientists Ausschau gehalten; jetzt brauchen Betriebe immer öfter Experten für Datenanalyse. Dabei handelt es sich bei Data Scientists nicht um IT-Experten, sondern eher um seltene Allrounder aus Hacker, Analyst, Kommunikator und Berater. Ihre Aufgabe liegt vielfach nicht so sehr darin, Antworten zu finden, als vielmehr die richtigen Fragen zu stellen, z.B.: Welche Daten müssen miteinander verknüpft werden, um das Nachfrageverhalten unserer Kunden zu bestimmen? Wie lassen sich Menschen, Gegenstände und Software zu neuen, intelligenten Netzwerken verbinden? Erst wenn technische und wirtschaftliche Kompetenz auf soziale Intelligenz trifft, entsteht ein Mehrwert.

Die herausragendste Eigenschaft des Data Scientists liegt im Wort „Scientist" begründet. Anders als etwa Data-Management-Experten, die hervorragend darin ausgebildet sind, Struktur und Organisation in Daten zu bringen, treiben Data Scientists zunächst scheinbar ziellos in einem Ozean von Daten. Als Forscher formen sie aus der Kombination reichhaltiger Datenquellen Thesen und Modelle und stellen diese auf den Prüfstand. Für Führungskräfte ist das Managen von Data Scientists keine leichte Aufgabe: Wissenschaftler gedeihen nicht an der kurzen Leine. Sie brauchen die Freiheit, experimentieren zu dürfen und auch unwahrscheinliche Möglichkeiten erkunden zu können. Die Pfade, die sie einschlagen, erschließen sich oft erst auf den zweiten oder dritten Blick, und nicht selten bleiben sie auch fruchtlos.

Das Spannungsverhältnis zwischen Unabhängigkeit im Erforschen der Daten und Nähe zum Business auf konstruktive Weise auszutarieren ist die entscheidende Herausforderung für Vorgesetzte von Data Scientists. Ihr Wert für die Zukunftssicherheit von Unternehmen ist allerdings unbestritten. Die Harvard Business Review hat den Beruf gar zum „Sexiest Job of the Century" erkoren (Davenport/Patil 2012). Die Nachfrage nach diesen Spezialisten ist der Grund, warum etwa an der Johannes Kepler Universität Linz seit kurzem ein Master-Studiengang mit Schwerpunkt „Business Intelligence and Data Science" möglich ist und vergleichbare Ausbildungen etwa auch an der ETH Zürich angeboten werden. Die Ausbildungsprogramme sind ebenso hoch gefragt wie die Absolventen.

Anforderung an die IT

Was sind die drei wichtigsten Anforderungen Ihrer Geschäftsleitung an die IT im kommenden Jahr?

Effizienz der IT steigern	51%
Kosten der IT senken	36%
Ausbau der Digitalisierung	34%
Schnelle Bereitstellung von IT-Services	31%
Entwicklung neuer, innovativer IT-Produkte und -Services	29%
Verbesserung der Informationsauswertung und -nutzung	29%
Erhöhung der Datensicherheit	20%
Erhöhung der Kunden- bzw. Bürger-Zufriedenheit	18%
Erhöhung der Anwenderfreundlichkeit vorhandener Systeme	17%
Optimierung der internen Zusammenarbeit	15%
Optimierung des Multikanal-Managements	8%
Engere Einbindung der Kunden in die Leistungserbringung	7%
Engere Einbindung der Lieferanten in die Leistungserbringung	6%

Basis: Befragung von 154 Entscheidungsträgern in deutschen, österreichischen und schweizerischen Unternehmen
Quelle: Capgemini: Studie IT-Trends 2015.

Datenaufgeklärte Digitaldemokratie

Auch wenn die Digitalisierung neue Spezialisten-Jobs hervorbringt, ist sie doch vor allem ein Weckruf für die gesamte Belegschaft. Um die Macht der Daten zu nutzen, wird es nötig sein, Analysekenntnisse nicht nur auf einen engen Kreis von Business-Intelligence-Power-Usern zu beschränken, sondern über eine breite Anzahl an Mitarbeitern mit sehr guten Kenntnissen zu Daten, Modellen und Auswertungen zu verfügen. An die Stelle der Daten-Expertokratie tritt eine datenaufgeklärte Digitaldemokratie im Unternehmen. Big Data ist keine Technologie mehr, die von wenigen beherrscht wird, sondern eine Kulturtechnik für alle. Diese Einsicht beginnt sich durchzusetzen: Laut „The BI Survey 14" gewähren immerhin 55 Prozent der Unternehmen weltweit ihren Mitarbeitern im Fachbereich mehr Freiheiten bei der Gestaltung von Berichten und Analysen – Stichwort Self Service Business Intelligence (BARC 2014).

Marketing, Vertrieb oder Innovationsabteilungen profitieren künftig also von einer höheren Flexibilität im Datenzugriff, in der Auswertung und dem interdisziplinären Austausch mit anderen Abteilungen. Die Erhebung, Weitergabe, Verknüpfung und Nutzung von Daten in Unternehmen eröffnet ein weiteres Feld: Verantwortung. Denn die Autonomie in den Fachabteilungen stellt Big Data in ein Spannungsfeld aus restriktiver Governance und chaotischer Anarchie. Auf der einen Seite stehen formelle Auflagen, beispielsweise an Datenintegrität, Datenschutz, Vertraulichkeit und Sicherheit; auf der anderen Seite die Vorteile, die hohe Freiheitsgrade und Agilität versprechen. Zum souveränen Beherrschen der Digitalisierung gehören also nicht nur fachliche Fertigkeiten und Datenkompetenz. Mitarbeiter werden auch in die Pflicht zu verantwortungsvollem Umgang mit bereitgestellten Daten genommen.

FALLBEISPIEL

Big Data Labs
Den Umgang mit Daten lernen

Ein möglicher Entwicklungspfad für Unternehmen, die sich kaum oder noch nicht mit der Digitalisierung auseinandergesetzt haben, ist die Einrichtung von Big Data Labs. In einem solchen interdisziplinär besetzten, internen Forschungsteam lernen Firmen mit Daten zu experimentieren und Modelle zu entwickeln. Solche Labs schaffen eine Umgebung, in der sich Mitarbeiter den Umgang mit neuen Datenquellen und die Fähigkeiten bei der Nutzung der dazugehörigen Analysewerkzeuge aneignen und in einer Laborsituation neue Fragestellungen testen können. Die Mitarbeiter erwerben so, quer durch die Abteilungen, Kenntnisse und Kompetenzen im Umgang mit Big Data.

Foto: Flickr, CTSI-Global, CC BY SA

Neue Schlüsselqualifikationen

Visuelle Datenverarbeitung erlaubt es, Datenbestände explorativ zu erkunden und Zusammenhänge durch kontextabhängige Darstellungen leicht zu erkennen; Sprachinterfaces gestatten die Formulierung von Fragestellungen in normalen deutschen (oder englischen) Sätzen; technische Hilfsmittel wie Smart Glasses erlauben den Zugriff auf Expertenwissen.

Der vereinfachte Zugang zu digitalen Informationen senkt jedoch nicht die Qualifikationsanforderungen an Mitarbeiter, ganz im Gegenteil. Es werden neue Aufgaben auf Mitarbeiter zukommen, und bewährte Arbeitsmuster verändern sich. Die Digitalisierung verlangt zunehmend auch neue Schlüsselqualifikationen, ergänzend zu fachlichen und persönlichen Skills. De facto werden alle Berufsbilder eine höhere Qualifikation als heute erfordern – und dafür reizvollere und spannendere Aufgaben bereitstellen.

Zu den Schlüsselqualifikationen der Digital Workforce zählen:

- **Analytik:** Systemische Zusammenhänge erkennen, Modelle verstehen und die Bedeutung von Mustern erkennen.
- **Datenkompetenz:** Bestehende Daten kombinieren, analysieren und Business-Erkenntnisse ableiten bzw. Aufgabenstellungen in Datenstrukturen übersetzen.
- **Filtern:** Aus umfangreichen Inputs trennscharf wichtige Signale vom Hintergrundrauschen differenzieren.
- **Adaptivität:** Geistige Flexibilität und Anpassungsfähigkeit an sich rasch verändernde Sachlagen.
- **Konnektivität:** Interdisziplinär und über Strukturgrenzen hinausreichendes Denken und Handeln in Netzwerken.
- **Entschlussfreude:** Auch unter dem Eindruck komplexer Sachlagen und großer Datenmengen zielführend zu Ergebnissen gelangen.
- **Kommunikation und Kollaboration:** Herstellen und Aufrechterhalten von stimulierenden Interaktionen und Beziehungen innerhalb und außerhalb des Unternehmens.

FALLBEISPIEL

Workfusion
Selbstlernende Crowd-Computing-Plattform

Die Onlineplattform Workfusion automatisiert bestimmte Aufgaben selbst und sucht sich menschliche Mitarbeiter, wenn sie an ihre Grenzen gerät. Kunden von Workfusion übertragen dem Programm in der Regel umfangreiche, arbeitsaufwendige Administrationsaufgaben. Die Software unterteilt die Projekte in kleinere Tasks, automatisiert die repetitiven Teile der Arbeit und rekrutiert selbstständig auf Crowdsourcing-Plattformen menschliche Kollegen für jene Aufgaben, die zu komplex sind.
www.workfusion.com

FALLBEISPIEL

Dynaplan
Strategische Personalplanung

Das Unternehmen Dynaplan mit Sitz in Norwegen und der Schweiz stellt eine Simulationssoftware zur strategischen Personalplanung her. Diese extrapoliert aus der Kombination von Unternehmenskennzahlen, Unternehmensstrategie und aktueller Personalzusammensetzung zukünftige Szenarien und gibt Aufschluss darüber, wo künftig Personalengpässe bestehen könnten. Eingesetzt wird das System beispielsweise bei der Deutschen Bahn oder bei EnBW.
www.dynaplan.com

dm drogerie markt
Optimale Einsatzplanung

Software wird in vielen Unternehmen bereits bei der Aufgabenverteilung innerhalb von Teams eingesetzt. Bei der Drogeriekette dm spielt Big Data eine Schlüsselrolle in der Einteilung der Mitarbeiter – nicht der Manager bestimmt die Einsatzplanung, sondern die Software errechnet sie aus Warenbeständen, Wetterprognosen, Ferienterminen und der Verkehrslage bis zu acht Wochen im Voraus.
www.dm.de

Foto: DM

Der Computer als Chef

Gleichzeitig führt die Digitalisierung von Unternehmen auch zu mehr automatisierten Prozessen (siehe auch „Race against the Machines", S.52). Laut einer aktuellen Umfrage von Expert Market in Großbritannien hätte etwa die Hälfte aller Manager kein Problem damit, statt eines Menschen einen Roboter einzustellen (Nguyen 2015). Doch auch der Wunsch nach einem „objektiven" Chef ist vorhanden: Haben Menschen die Wahl, lassen sie sich einer Studie des MIT zufolge lieber von Robotern Arbeitsanweisungen erteilen als von anderen Menschen. Mitarbeiter seien nicht nur produktiver, sondern auch zufriedener, wenn sie Befehle von Maschinen erhielten – sie sagten sogar, sie hätten das Gefühl, der Roboter habe sie „besser verstanden" als der menschliche Chef (Conner-Simons 2014). Roboter können nicht nur mechanische Aufgaben in der Fertigung übernehmen, sondern auch Arbeitsabläufe koordinieren und planen. Wenn es um Management-Aufgaben geht, sind Programme bereits in der Lage, den Chef zu ersetzen. Und im nächsten Schritt übernehmen sie auch Personalführungsaufgaben.

People Analytics

Hinter dem Schlagwort „People Analytics" verbirgt sich eines der kontroversesten Themen, die derzeit in der HR-Szene diskutiert werden. War bislang die Leistungsfeststellung und Potenzialbeurteilung von Mitarbeitern eine der wichtigsten Aufgaben von Führungskräften, könnten Computer schon sehr bald diese heikle Aufgabe übernehmen. Die entsprechenden Systeme tragen die enorme Fülle an digitalen Spuren, die Mitarbeiter hinterlassen, zusammen und erstellen ein nahezu lückenloses personenbezogenes Dossier. Für die Auswertung durch People-Analytics-Programme sind dabei nicht nur leistungsbezogene Daten nutzbar – wie etwa Umsatzlisten oder Zielvereinbarungsdokumente –, sondern auch qualitative Daten. Interessant sind insbesondere interne Kommunikations- und Kollaborationssysteme, wie E-Mail oder Intranet. Dabei kann untersucht werden, wie eng die einzelnen Unternehmensbereiche miteinander vernetzt sind, wie hoch der Wissenstransfer tatsächlich ist und wo die Meinungsbildner und Experten im Unternehmen zu finden sind. Dabei stoßen Unternehmen mitunter auf erstaunliche Prozessverbesserungen: Die Bank of America hat mittels People Analytics beispielsweise die Performance und Personalstruktur ihres Callcenters untersucht. Die Software kam zum Ergebnis, dass andere Pausenpläne die Kommunikation zwischen den einzelnen Abteilungen verbessern würden; das Resultat war eine 23-prozentige Effizienzsteigerung und 15 Millionen US-Dollar Kosteneinsparung (Griswold 2014).

Die ethischen und rechtlichen Grenzen des Einsatzes solcher Systeme sind heikel. Viele Führungskräfte beschleicht ein skeptisches Gefühl, wenn Software herangezogen wird, um Menschen zu beurteilen. Ist es noch Personalmanagement oder schon Bespitzelung, wenn die HR-Software automatisiert Daten zusammenträgt und Psychoprofile der Mitarbeiter erstellt? Nicht zuletzt aufgrund dieser Bedenken gehen in Europa Unternehmen das Thema eher zögerlich an. Hinzu kommen vergleichsweise strenge Datenschutzrichtlinien, aber auch mangelndes Bewusstsein und fehlende Kompetenz in der HR-Abteilung. So wissen zwar 69 Prozent der deutschen Personaler über Big Data Bescheid, aber nur 15 Prozent nutzen die Möglichkeiten tatsächlich. „Viele Personaler unterschätzen die Potenziale ihrer Daten", kommentiert Prof. Dr. Jens Nachtwei, Autor der Studie „Big Data in HR", diese Skepsis. Dabei böten sich für HR aus der konsequenten Nutzung von vernetzten Daten überaus lohnende Einsatzgebiete. Schließlich stehen Personalabteilungen nicht selten vor der Herausforderung, den Nachweis der Wirksamkeit ihrer Maßnahmen schlüssig zu erbringen und ihren Einfluss auf den Geschäftserfolg zu beziffern. Der versierte Umgang mit Datenerhebungen und -analysen könnte dies ändern.

Symbiotisches Arbeiten

An eines müssen wir uns jedenfalls gewöhnen, egal ob als Führungskraft, Mittelmanager oder Mitarbeiter: Computer sind künftig nicht nur Werkzeuge unseres Handelns, sondern werden zu Kollegen. Mit zunehmender Intelligenz der Software und damit reichhaltigeren Anwendungsgebieten für Algorithmen und Cyberware löst sich auch das hierarchische Verhältnis auf, das zwischen menschlichem Mitarbeiter und künstlichem Werkzeug noch besteht. In Zukunft ist nicht mehr der eine der logische Anwender des anderen, sondern beide arbeiten symbiotisch zusammen – als Kollegen in der digitalen Workforce von morgen.

Foto: Flickr, Jan Persiel, CC BY SA

M von Facebook
KI-Assistent mit menschlichem Support

Der Service „M" von Facebook ist eine Ergänzung der Nachrichtendienste Messenger und WhatsApp. Er soll Anwender mittels künstlicher Intelligenz dabei unterstützen, Aufgaben zu erledigen und Informationen zu suchen. Um den virtuellen Butler Schuhe kaufen zu lassen, ein Restaurant in der Nähe ausfindig zu machen oder einen Termin mit einem Bekannten zu vereinbaren, greift man über die Messenger-App, die aktuell rund 800 Millionen User zählt, auf M zu. M ist aber nicht nur ein Computersystem – der Algorithmus wird von echten Menschen unterstützt. Soweit es geht, übernimmt der Rechner die Antworten, doch wenn dieser nicht mehr weiter weiß, werden Menschen im Hintergrund aktiv. Von deren Aktionen soll M wiederum lernen, um künftig weniger auf menschliche Mithilfe angewiesen zu sein. Der Anwender bekommt von alldem nichts mit. Er erfährt nicht, ob ihm gerade der Algorithmus oder ein Mensch antwortet.

Digital Ethics

Ethische Verantwortung übernehmen

Wenn künftig Unternehmen oder ganze Branchen zunehmend zu einem kybernetischen System werden, in dem Abläufe als Automatismus abgebildet sind, die nicht nur schneller, effektiver und ohne bürokratische Hürden durchlaufen werden, sondern auch durch Machine Learning von Fall zu Fall schlauer werden, dann entsteht etwas, das sogar noch gravierendere Folgen hat als das reine Ersetzen des Menschen durch die Maschine: nämlich wirtschaftliches Handeln nach rein maschineller Ergebnisorientierung, ohne Diskurs. Aus Managementsicht wäre dies der Idealzustand, doch aus Leadership-Perspektive geradezu fatal. Der Kernunterschied zwischen Managern und Leadern besteht letztlich darin, dass Manager dafür bezahlt werden, die Dinge richtig zu machen, während Leader dafür sorgen, dass die richtigen Dinge gemacht werden. In diesem Sinne bedeutet Digital Leadership vor allem auch, eine digitale Ethik zu entwickeln.

Im Spannungsfeld zwischen Sicherheit und Offenheit

Nie war der Austausch über Produkte und Angebote größer und transparenter, nie wurde mehr gesucht, empfohlen, bewertet und verglichen als heute. Wir stehen nicht nur vor dem gläsernen Konsumenten, sondern ebenso vor dem gläsernen Unternehmen. Informationen zu Qualität, Preis, Leistungsangebot und vielfach auch zur Strategie sind offen und frei zugänglich. Selbst wenn Unternehmen eine restriktive Informationspolitik haben: Auf Bewertungsplattformen und in sozialen Medien empfehlen und beurteilen Kunden ohnehin selbstständig und für alle einsichtig. Proaktiv eingesetzt, führt dieses Engagement zu neu strukturierten Innovationsprozessen wie Crowdsourcing und Open Innovation. Die Mauern um die ehemals bestgeschützten Abteilungen in Unternehmen – Forschung und Innovation – werden absichtlich durchlässig gemacht, Kunden werden frühzeitig und geplant in Produktentwicklungen einbezogen.

Wir passen uns täglich dem Internet an, in unseren Rollen als Bürger, Konsumenten, Mitarbeiter oder Manager. Es verändert unsere Art, miteinander zu kommunizieren, es krempelt unser Verständnis von Wissen und Arbeit um wie auch die Art, wie wir denken und handeln. Und wenn die einzelnen Dienste zunehmend miteinander vernetzt werden, beschleunigt sich nicht nur der Komfort, sondern auch die Möglichkeiten. Einerseits ist die digitale Technik ein Schlüssel zu mehr Mündigkeit in Kauf- und Politikverhalten, andererseits ruft sie die Skepsis der Kulturkritiker ebenso auf den Plan, wie sie die Aufmerksamkeit auf neue, alte Probleme wie etwa Datenschutz und Sicherheit lenkt. Die politische Diskussion über Vorratsdatenspeicherung, das Google zäh abgerungene Recht auf digitales Vergessen und die Debatte über die Nutzung von Social Media in Personalauswahlprozessen sind Vorboten einer intensiven Auseinandersetzung zwischen proprietären und offenen Netzwerken, geschützten und ungeschützten Datenwelten, die alle Unternehmen erfassen und daher für alle Führungskräfte relevant werden wird.

Foto: Siemens AG

Künftig gilt es, eine Balance zu finden zwischen Datenhunger und ethischer Verantwortung für Kundendaten

Datenhungrige Unternehmen

Noch sind es hauptsächlich Online-Dienste-Anbieter, die für ihren Datenhunger kritisiert werden. Der Musikdienst Spotify hat zuletzt den Zorn seiner Nutzer auf sich gezogen, weil seine Handy-App allzu gierig auf persönliche Daten zugreifen wollte. Kritiker wie die Leiterin des Instituts für Digitale Ethik, Prof. Dr. Petra Grimm, mahnen von „Datenkraken" einen Ausgleich der Informationsungerechtigkeit ein: „Das Problem ist, dass wir nicht wissen, welche Daten erhoben werden und was mit ihnen passiert. Ich als Nutzer bin gläsern, das Unternehmen verrät aber nicht, was es vorhat. Hier muss ein Gleichgewicht hergestellt werden." (Hoffmann 2014)

Im Falle von Spotify ging es dem Unternehmen zunächst darum, den Anwendern ein noch besseres Produkt an die Hand zu geben: Die App bietet die Funktion, beim Joggen den Rhythmus der Musik an das Tempo des Läufers anzupassen. Das geht nicht ohne Zugang zu Sensordaten. In anderen Fällen, wie etwa bei Facebook, sind Daten schlichtweg die Währung, mit der Nutzer die angebotenen Leistungen bezahlen. Und in vorstellbaren Szenarien geht der Datenhunger vielleicht etwas zu weit: Wenn etwa die Bewegungsdaten automatisch an die Krankenkasse übertragen werden, um für bewegungsfaule Menschen oder für Risikosportler ganz automatisch höhere Versicherungsprämien zu ermitteln.

Mit IoT, dem Internet der Dinge, potenziert sich der Sachverhalt, indem produzierende Unternehmen und IT-Konzerne zusammenwachsen. Da die „Dinge" Daten erfassen, speichern und untereinander austauschen, sammeln sie auch Daten über ihre Nutzer und Anwender. Hierbei geht es um die Privatsphäre im ganz realen Raum, nicht nur im virtuellen Netz. Dann sind nicht nur Google und Co. rund um die Uhr in den eigenen vier Wänden, im Auto und im öffentlichen Raum gegenwärtig. Auch Hersteller von Möbel, Kleidung, Küchengeräten, Badezimmerwaagen und vielem mehr werden ihre Produkte mit Sensoren ausstatten und erhalten damit Zugriff auf die Lebenswelten ihrer Kunden.

Sicherheit ist Chefsache

Wer kümmert sich in Ihrem Unternehmen um die zentralen Belange des Informationsschutzes? (Angaben in Prozent)

- IT-Abteilung
- Sicherheitsabteilung
- Externe Spezialisten
- Chief Information
  Security Officer (CISO)
- Das ist Chefsache
- Niemand

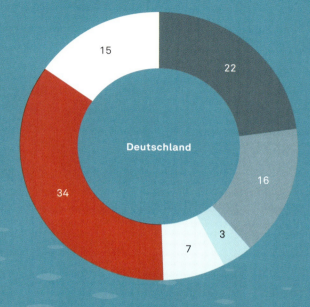

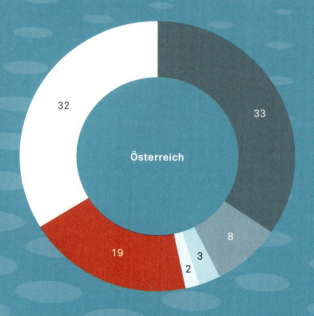

* Rundungsdifferenzen; Rest auf 100% = Sonstiges, keine Angabe
Quelle: Corporate Trust 2014; Befragte: 6.767 Unternehmen in Deutschland sowie 1.396 Unternehmen in Österreich

BMW
Sicherheit im Smart Car

Für Abhilfe sollen künftig konzeptionell andere Zugänge
sorgen: BMW etwa lässt nicht zu, dass das Smartphone
Daten mit dem Fahrzeug austauscht, stattdessen geht
die Kommunikation immer über ein BMW-Backend. Wer
etwa bei seinem BMW i3 den Ladestand der Batterie
per Smartphone überprüft, holt sich die Daten über die
BMW-Server und nicht vom Auto direkt – auch wenn man
nur einen Meter daneben steht. Dass das Auto nur mit
dem eigenen Fahrzeugschlüssel und den BMW-Servern
spricht, dient dem Datenschutz.
www.bmw.de

Foto: © BMW Group

Verantwortung für Daten

Den Fragen nach einem verantwortungsbewussten
Umgang mit Kundendaten müssen sich künftig alle Unternehmen stellen. Welche Sensordaten erfasst werden, um
den Produktnutzen zu steigern, wie diese Daten vernetzt
werden und an wen sie weitergeleitet werden, wie Kunden
weiterhin Souveränität über ihre persönlichen Daten
gewährt wird, ist nicht nur eine Frage des Datenschutzge-
setzes, sondern liegt in der Verantwortung von Führungskräften. Wer heute für Produktentwicklung, Marketing
oder Vertrieb verantwortlich ist, muss, unabhängig von
der Branche, Überlegungen dazu anstellen und sich eine
Meinung bilden.

Zur Frage der Privatsphäre kommt zudem die Frage
nach der Sicherheit. Denn durch die Digitalisierung des
Alltags werden Gegenstände auch verwundbarer. Ein
Beispiel ist der „smarte" Kühlschrank von Samsung, der
über die Kalenderdaten seiner Anwender den Einkaufs-
zettel optimiert. Hierzu müssen dem Haushaltsgerät
die Zugangsdaten zum Google-Account des Anwenders
bekanntgegeben werden. Diese haben Hacker erfolgreich
ausgespäht und damit Zugriff auf die Privatsphäre der
Kunden erlangt. Noch dramatischer sind die Konsequenzen bei Jeep: Hacker konnten zeigen, wie sie durch
das im Auto verbaute Entertainment-Modul aus der
Ferne völlige Kontrolle über das Fahrzeug erlangen. Ohne
Eingriffsmöglichkeit für den Fahrer können sie bremsen,
lenken oder den Motor abstellen. Der Jeep-Hersteller
Fiat Chrysler musste daraufhin die Software in rund
1,4 Millionen Autos erneuern. Es war die erste bekannte
Rückrufaktion in der Autoindustrie aufgrund der Gefahr
eines Cyberangriffs.

Die Verantwortung eines Herstellers muss entlang des
ganzen Spektrums der mit dem Produkt verbundenen
Lebensbereiche gedacht werden. Führungskräfte sind
mehr denn je darin gefordert, die möglichen Konsequenzen ihres Handelns und ihrer Entscheidungen zu
überdenken – und dies in einer zunehmend komplexen
Welt. Dass der notwendige Kompetenzaufbau auch auf
originelle Weise geschehen kann, hat Uber bewiesen und
die beiden Jeep-Hacker kurzerhand als Mitarbeiter in sein
Technologiezentrum an Bord geholt (*www.uberatc.com*).

Cybersicherheit wird zur Chefsache

Darüber hinaus gilt es, die eigene Infrastruktur zu schützen – ein Unterfangen, das angesichts der deutlich breiteren Angriffsflächen für Attacken immer schwieriger zu bewerkstelligen ist. 27 Prozent der deutschen Unternehmen waren 2014 von einer Cyberattacke konkret betroffen, der jährliche finanzielle Schaden beläuft sich in Deutschland auf 12 Milliarden Euro. Neben den unmittelbaren Schaden treten Umsatzeinbußen durch Verluste von Produktivität und von Wettbewerbsvorteilen (Corporate Trust 2014).

In einer Welt, in der IT nicht länger ein Betriebsmittel für Firmen ist, sondern sich das ganze Unternehmen digitalisiert hat, ist IT-Security kein „EDV-Problem" mehr. Zu nahezu gleichen Teilen zielten die Attacken unmittelbar auf die Abteilungen IT, Forschung und Entwicklung, Mergers & Acquisitions, Vertrieb und Fertigung. Daher ist das Verstehen von Bedrohungsszenarien auch nicht mehr an die IT-Abteilung delegierbar, sondern gesamtheitlich von der Unternehmensspitze her zu denken. Gefahren drohen von gezielten Angriffen zunehmend organisierter Cyberkrimineller, wie etwa dem Einspielen von Schadsoftware zu Sabotagezwecken, über Betriebsspionage bis zu Fahrlässigkeiten von Mitarbeitern. Und auch jenseits von klassischer IT-Security: Ein Unternehmen, das auf den Umgang mit Shitstorms nicht vorbereitet ist, setzt sich ebenfalls einem wirtschaftlichen Sicherheitsrisiko aus.

Auch hier sind dialektische Entscheidungen von großer Tragweite gefragt. Reichte es früher aus, Entwürfe oder Produktionspläne im abgeschlossenen Labor aufzubewahren, können und sollen Mitarbeiter heute von überall und jederzeit über ihr Mobilgerät darauf zugreifen. Und nicht nur die eigenen Mitarbeiter, sondern in Folge von Open Innovation auch Lieferanten, Partnerunternehmen und gegebenenfalls auch Kunden. Die Einflugschneisen für Risiken und Gefahren werden also nicht nur durch die Komplexität der Technologie breiter, sondern auch durch den gezielten Öffnungsprozess von Unternehmen.

Ethische Richtlinien für Computer

Die Aussicht auf Pflegeroboter erzeugt bei so manchem ein gewisses Unbehagen: Wollen wir wirklich, dass soziale Tätigkeiten an Maschinen delegiert werden? Längst haben wir Software-Anwendungen Verantwortung für intimste Bereiche unseres Lebens übertragen. Wir vertrauen etwa Dating-Apps, dass sie den richtigen Lebenspartner für uns finden. Wenn aber Programme in Form von physisch angreifbaren Cyber-Lebensformen in unseren Alltag treten, empfinden wir diese Entwicklung als spukhaft und haben Vorbehalte.

Eines der Schlüsselthemen bei der Weiterentwicklung von Servicerobotern für den Haushalt lautet, inwieweit Menschen einen künstlichen Organismus im Haus akzeptieren und welche Tätigkeiten er übernehmen könnte. Solange es sich um Maschinen ohne Geist handelt, ist die Antwort von einer pragmatischen Perspektive geprägt. Der Staubsaugerroboter ist schlichtweg praktisch, und wer gehbehindert ist, verwendet schließlich auch den elektrischen Rollstuhl und lässt sich nicht von einem Menschen tragen. Was aber, wenn die Maschine auch soziale Unterstützung leistet und, wie etwa in der Seniorenbetreuung, als Partner des Menschen fungieren soll? Und was, wenn Maschinen, denen zunehmend künstliche Intelligenz eingehaucht wird, bewusster und selbstbestimmter agieren und Autonomie erlangen?

Bislang wurden moralische Fragen im Zusammenhang mit Computersystemen in das Reich der Science-Fiction verlagert und als belanglos für die Gegenwart angesehen. Doch wir werden schon in den nächsten fünf Jahren mehr Entwicklungen ganz real erleben, die uns heute noch wie Science-Fiction vorkommen. Mit dem rasanten technologischen Fortschritt lassen sich daher auch grundlegende Fragen nicht mehr marginalisieren und auf den IT-Sektor konzentrieren. Die Digitalisierung wesentlicher Lebensbereiche, wie etwa Arbeit, Haushalt, Gesundheitswesen, Bildung oder Sicherheitssysteme, leitet Führungskräfte aller Branchen auf bislang unbeschrittenes Terrain.

Ein von mehr als 2000 führenden Wissenschaftlern und Experten – darunter Astrophysiker Stephen Hawking und Apple-Mitbegründer Steve Wozniak – unterzeichneter Appell fordert ein Verbot von intelligenten Kampfrobotern. Dahinter steckt nicht nur die Sorge um den Einsatz durch das Militär, sondern vor allem auch die Befürchtung, dass es für autonome Waffensysteme bald einen Schwarzmarkt geben könnte, an dessen Ende die „Kalaschnikow von morgen" steht: eine günstige, leicht verfügbare Tötungsmaschine. Die Petition ist eine Aufforderung an die Verantwortungsträger, die Kontrolle über Waffen nicht aus der Hand von Menschen zu geben.

FALLBEISPIEL

Affectiva
Von den Lippen abgelesen

Bislang hat man sich in der Marktforschung meist auf die Befragung von Konsumenten verlassen. Neue Technologien gehen einen deutlichen Schritt weiter und loten die Gefühle von Menschen aus. Die Software von Affectiva analysiert die Mimik und greift bei der Auswertung auf Vergleichsaufnahmen von über 2,5 Millionen Gesichtern aus 75 Ländern zurück. Um das Mienenspiel der Probanden zu erfassen, genügt eine Webcam. Die Software wird dazu verwendet, um die Reaktion von Konsumenten auf Werbung für Unilever, Kellog's und Pepsi zu untersuchen. Außerdem testet man in Zusammenarbeit mit Fernsehsendern die Resonanz des Publikums auf Serienpiloten. *www.affectiva.com*

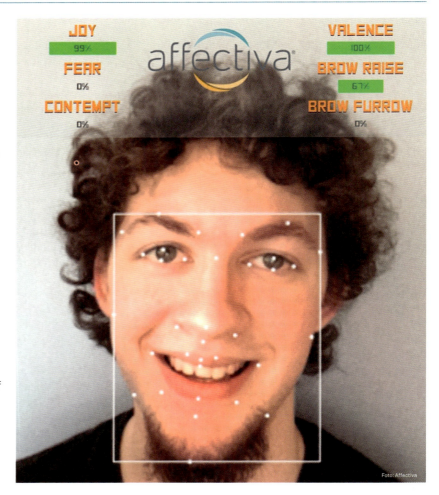
Foto: Affectiva

Gefühlszustände messen: It is complicated

Doch auch im Alltag berührt die Digitalisierung die Vorstellung von Wertmaßstäben. Da Facebook die Postings seiner Nutzer auswertet, weiß das soziale Netzwerk beispielsweise über den Beziehungsstatus von Menschen auch dann Bescheid, wenn sie diese nicht öffentlich angegeben haben (Diuk 2014). Professionelle Anbieter sogenannter Emotional-Analysis-Software, wie beispielsweise Beyond Verbal, gehen noch einen Schritt weiter. Sie ermöglichen es nicht nur, die klar erkennbaren Gefühlsregungen von Menschen zu erfassen und auszuwerten – etwa ein Lachen –, sondern auch jene unfreiwilligen, nur Sekundenbruchteile dauernden Veränderungen in unserem Gesicht oder in unserer Sprache. Vielfältige Anwendungsmöglichkeiten sind vorstellbar: In einer Skype-Unterhaltung könnte künftig eingeblendet werden, was das Gegenüber gerade tatsächlich empfindet – eine beispielsweise für Verhandlungssituationen sehr wichtige Information; und beim Vorstellungsgespräch wird in die Datenbrille des HR-Managers die tatsächliche Begeisterung des Bewerbers für den Job eingeblendet, und in jene des Kandidaten, ob der Recruiter betreffend des angeblich tollen Klimas in der Firma nicht doch ein wenig flunkert.

Das klingt unangenehm, keiner möchte gezwungen sein, seine Gefühle preiszugeben. Doch natürlich gibt es auch positivere (aber nicht minder fragwürdige) Anwendungsfelder: So könnte etwa der Fernseher aufgrund der Stimmungslage des Konsumenten einen passenden Film anbieten oder Facebook ein Depressions-Frühwarnsystem einsetzen, das negative Postings erkennt und beim Überschreiten von Warnschwellen zum Besuch eines Therapeuten rät oder Freunde des Betroffenen verständigt.

Leadership mit Verantwortung

Klar ist: Automatisierung darf Selbstbestimmung nicht einschränken. Es gibt keinen Mangel an dystopischen Visionen, was passiert, wenn Maschinen Bewusstsein erlangen – nichts läge uns ferner, als in dieses Konzert einzustimmen. Es geht nicht um maschinenstürmerisches oder technologiefeindliches Denken, sondern um bewusste Entscheidungen, noch bevor neue Regelsysteme, Normen und Gesetze eingreifen. Wenn

> *Ob alles, was technisch machbar ist, auch tatsächlich umgesetzt werden soll, wird zu einer entscheidenden Frage für Führungskräfte.*

Entscheidungsträger ihre Berechtigung behalten wollen, dürfen sie ihre Verantwortung bei Fragen nach Transparenz, Privatsphäre, Sicherheit und Ethik nicht abwälzen. Denn längst geht es um mehr als einzelne Geschäftsprozesse, sondern gerade auch für Führungskräfte darum, ein systemisches Verständnis zu entwickeln, wie Computer auf Betriebe, Mitarbeiter, Kunden und Märkte einwirken. Welche digitalen Lösungen von Unternehmen eingesetzt und angeboten werden, wo der Mensch aus der Gleichung gestrichen wird und ob alles, was technisch machbar ist, auch tatsächlich umgesetzt werden soll, wird zu einer entscheidenden Frage für Führungskräfte. Leadership bedeutet in diesem Zusammenhang, auch jenseits betrieblicher Grenzen zu denken und als Teil des unternehmerischen Handelns vor allem auch ethische Verantwortung zu übernehmen.

Fazit

Digital Leadership

- Die Digitalisierung von Unternehmen ist Chefsache. Ziel muss es sein, nicht nur digitale Tools einzuführen, sondern vor allem auch die Kompetenzen der Mitarbeiter zu stärken und eine digitale Unternehmenskultur zu etablieren.

- Smart Data kann Wettbewerbsvorteile bieten – auch bei einer visionären Entscheidungsfindung. Dennoch müssen sich die objektive Datenbasierung und die subjektive Intuition in einer Balance befinden, um zu erfolgreichen Entscheidungen zu kommen.

- Die Digitalisierung bringt nicht nur neue Berufsfelder hervor, sondern künftig muss jeder Mitarbeiter digitale Kompetenzen vorweisen — unabhängig von Ausbildung oder Abteilung. Big Data wird zur Kulturtechnik für alle, der verantwortungsvolle Umgang mit Daten zur Pflicht.

- Leadership von morgen bedeutet, eine digitale Ethik zu entwickeln. Nicht alles, was technisch machbar ist, ist gesellschaftlich akzeptabel. Denn die Verantwortung liegt in letzter Instanz nicht bei den intelligenten Maschinen oder den smarten Algorithmen, sondern bei der Führungspersönlichkeit — und künftig immer mehr bei jedem einzelnen Mitarbeiter.

Die Hitparade der digitalen Ignoranz

Top 10 der Ratschläge, wie Sie als Führungskraft um die Digitalisierung herumkommen

1. **Haben Sie keine Ahnung von IT und seien Sie stolz darauf.** Schließlich gehören Sie ja nicht zu den Digital Natives und finden sich beruflich und privat auch ohne das elektronische Klimbim gut zurecht.

2. **Delegieren Sie das Thema an den CIO.** Begreifen Sie Digitalisierung bloß nicht als integrale Querschnittsmaterie, die das ganze Unternehmen erfasst und verunsichert. Wozu haben Sie schließlich eine eigene Abteilung, die sich darum kümmert?

3. Apropos: **Sehen Sie in in Ihrem CIO weiterhin den Cheftechniker der Firma** und erwarten Sie von ihm möglichst wenig zu hören. Schließlich ist IT entweder ein enormer Kostenfaktor oder Quell steten Ärgernisses, wenn wieder einmal etwas nicht funktioniert.

4. **Marginalisieren Sie das Social-Media-Gedöns** und überantworten Sie es ein paar jungen Praktikanten als Spielwiese, die mit den anderen Abteilungen möglichst wenig Berührungspunkte hat.

5. **Lächeln Sie milde über die Versuche von Digitalunternehmen, in Ihre Branche vorzudringen.** Es hat Jahrzehnte gedauert, bis Ihre Firma die Stellung eingenommen hat, die sie jetzt innehat – diesen Vorsprung holen ein paar Jungs aus dem Silicon Valley nicht über Nacht auf.

6. **Lassen Sie sich nicht irritieren, wenn Ihnen Big-Data-Analysen vorgelegt werden.** Ihre persönliche Erfahrung zählt mehr und wird Sie auch in Zukunft nicht täuschen, da können die Daten ruhig in eine ganz andere Richtung zeigen.

7. **Seien Sie Ihren Mitarbeitern gegenüber restriktiv in der Bereitstellung von digitalen Ressourcen.** Die meisten Daten gehen Ihre Leute ohnehin nichts an, und außerdem sollen sie arbeiten und nicht mit Computern rumspielen.

8. **Glorifizieren Sie die gute alte Zeit, als die Menschen noch miteinander gesprochen** und nicht dauernd auf ihr Smartphone geschaut haben. Erst kürzlich haben Sie eine Studie gelesen, dass Vinyl-Schallplatten wieder schick sind, das ist doch ein beruhigendes Zeichen.

9. **Tun Sie Roboter, AI-Systeme oder Machine Learning als utopische Fiktion ab.** Dass Automatisierung einmal Menschen ersetzen wird, sagen Experten schon seit Jahrzehnten voraus, und seien wir mal ehrlich: Was davon wurde jemals wirklich Realität?

10. **Seien Sie ganz gelassen und lassen Sie sich nicht aus der Ruhe bringen.** Digitalisierung ist nur einer dieser Hypes, die von Medien und sogenannten Gurus aufgeblasen werden. Nächstes Jahr wird eine andere Sau durch das Dorf getrieben, Ihr Unternehmen hat nichts zu befürchten.

Literaturverzeichnis

McAfee, Andrew/Brynjolfsson, Erik: Big Data: The Management Revolution. In: Harvard Business Review. Oktober 2012.

Accenture: Mut, anders zu denken: Digitalisierungs-Strategien der deutschen Top-500. 2015a.

Accenture: Accenture Technology Vision 2015. Digital Business Era: Stretch Your Boundaries. 2015b.

Accenture: Insights. An Outlook Publication. 03/2013.

APT: Decisive action: How businesses make decisions and how they could do it better. 2014.

Autor, David H.: Polanyi's Paradox and the Shape of Employment Growth. 2014.

BARC: The BI Survey 14. 2014.

Baumann AG: Deutschland, deine Manager. 2014.

Bock, Laszlo: Work Rules. Insights from Google that Will Transform How You Live and Lead. 2015.

Bridgwater, Adrian: Why Keep the Lights On (KTLO) is a waste. In: Computerweekly, 20.08.2013.

Britton, Derek: The lights are on, but no-one's home. Auf: Micro Focus Blog, 05.09.2013.

Brynjolfsson, Erik/McAfee, Andrew: The Second Machine Age: Wie die nächste digitale Revolution unser aller Leben verändern wird. 2014.

Bundesverband Informationswirtschaft, Telekommunikation und neue Medien e. V./ Fraunhofer-Institut für Arbeitswirtschaft und Organisation: Industrie 4.0 – Volkswirtschaftliches Potenzial für Deutschland. 2014.

Capgemini: Studie IT-Trends 2015. Digitalisierung gibt Zusammenarbeit zwischen Business und IT eine neue Qualität. 2015.

Charan, Ram: The Attacker's Advantage. Turning Uncertainty into Breakthrough Opportunities. 2015.

Conden, Bernard/Fahey, Jonathan/Wiseman, Paul: Practically human: Can smart machines do your job? In: Associated Press, 25.01.2013.

Conner-Simons, Adam: Want a happy worker? Let robots take control. Auf: MIT News, 21.08.2014.

Corporate Trust: Studie: Industriespionage 2014. Cybergeddon der deutschen Wirtschaft durch NSA & Co.? 2014.

Dale Carnegie Austria: Ergebnisse der Dale Carnegie Studie: Wie engagiert ist Österreich? 2014.

Davenport, Thomas H./Patil, D.J.: Data Scientist: The Sexiest Job of the 21st Century. In: Harvard Business Review, Oktober 2012.

Dean, Brian: Antiwork – a radical shift in how we view "jobs". In: Contributoria, Dezember 2014.

Diuk, Carlos: The Formation of Love. 14.02.2014. www.facebook.com/notes/facebook-data-science/the-formation-of-love/10152064609253859

Europäische Kommission: Wie digital ist Ihr Land? Neue Zahlen machen deutlich, dass auf dem Weg zu einem digitalen Europa noch Fortschritte gemacht werden müssen. - Pressemitteilung vom 24.02.2015.

Flück, Ph.: Bullshit-Jobs demotivieren Angestellte. In: 20 Minuten, 08.01.2015.

Forrester Research: The Future Of Business Is Digital. The Powerful Advantages Of Embracing Dynamic Ecosystems Of Value. 2014.

Frey, Carl Benedikt/Osborne, Michael A.: The Future of Employment: How susceptible are jobs to computerisation? 2013.

Friedman, Thomas L.: How to Get a Job at Google. In: New York Times, 22.02.2014.

Gallup: Engagement Index Deutschland 2014. 2015.

Gates, Bill/Myhrvold, Nathan/Rinearson, Peter: The Road Ahead. 1996.

Global Center for Digital Business Transformation: Digital Vortex. How Digital Disruption Is Redefining Industries. 2015.

Graeber, David: On the Phenomenon of Bullshit Jobs. In: Strike! Magazine, 17.08.2013.

Griswold, Alison: This One Simple Management Change Saved Bank Of America $15 Million. 25.02.2014.

Half, Robert: 60 % der österreichischen Unternehmen ändern Führungskultur. Pressemitteilung vom 15.09.2015.

Hamm, Steve: MITs Thomas Malone on Collective Intelligence. Auf: A Smarter Planet Blog. 14.06.2013. http://asmarterplanet.com/blog/2013/06/mits-thomas-malone-on-collective-intelligence.html

Hay Group: Mitarbeiter-Engagement und -Effektivität. 2014.

Hoffmann, Sabrina: Institut für Digitale Ethik: Moral im Internet. In: The Huffington Post, 16.01.2014.

IBM: Leading through Connections. Insights from the Global Chief Executive Officers Study. 2012.

ING-DiBa: Die Roboter kommen. Folgen der Automatisierung für den deutschen Arbeitsmarkt. 2015.

Izdebski, Damian: Meine besten Fehler. 2015.

Khosla, Vinod: Do We Need Doctors Or Algorithms? Auf: TechCrunch, 10.01.2012. techcrunch.com/2012/01/10/doctors-or-algorithms

Koppetsch, Cornelia: Die Wiederkehr der Konformität. Streifzüge durch die gefährdete Mitte. 2013.

Köttritsch, Michael: Wie man Selbstorganisation organisiert. In: Die Presse, 03.10.2015.

KPMG: Digital disruption – dive in to thrive. Key findings from KPMG's CIO Advisory Survey. 2014.

Krämer, Urs M.: Digital Leadership ist Voraussetzung für digitale Exzellenz. 26.08.2015. digitale-exzellenz.de/digital-leadership-ist-voraussetzung-fuer-digitale-exzellenz

Laney, Douglas: Information Innovation: Innovation Key Initiative Overview. Auf: Gartner.com, 27.04.2012. www.gartner.com/doc/1991317/information-innovation-innovation-key-initiative#a-14327807

Lapowsky, Issie: The Man who made the Cash Register Obsolete. In: Inc. Magazine, Mai 2013.

Lemmer, Ruth/Obmann, Claudia: Gnadenloser Gegenspieler. In: Handelsblatt, 10/2014.

Lotter, Wolf: Schichtwechsel. Industrie 4.0: Wandel zur Wissensgesellschaft. In: Brandeins 07/2015.

Loudon, Sebastian: Es lebe der Musterbruch. In: Bestseller 3/4 2014.

Medienfabrik embrace: Karriere trifft Sinn. 2014.

Meltzer, Tom: Robot doctors, online lawyers and automated architects: the future of the professions? In: The Guardian, 15.06.2014.

MIT – Massachusetts Institute of Technology: Embracing Digital Technology. A New Strategic Imperative. 2013.

Nguyen, Tony: Could you be replaced by a robot? Most managers think so! Auf: Expert Market Blog, 21.07.2015.

OECD, ITF – International Transport Forum: Urban Mobility System Upgrade. How shared self-driving cars could change city traffic. 2015.

Olanrewaju, Tunde/Smaje, Kate/Willmott, Paul: The seven traits of effective digital enterprises. Auf: McKinsey Insights, Mai 2014. www.mckinsey.com/insights/organization/the_seven_traits_of_effective_digital_enterprises

Palla, Rudi: Verschwundene Arbeit. Das Buch der untergegangenen Berufe. 2014.

Penner, Kathy (KPMG): Digital disruption – dive in to thrive. Highlights of H1 2014 CIO Center of Excellence Survey. 2015.

Pillkahn, Ulf: Trends und Szenarien als Werkzeuge zur Strategieentwicklung. Der Weg in die unternehmerische Zukunft. 2007.

PwC: Wachstumsfaktor Social Media. 2014.

Susskind, Richard: Tomorrow's Lawyers. An Introduction To Your Future. 2013.

The Economist: If Autonomous Vehicles rule the World. From Horseless to Driverless. http://worldif.economist.com/article/11/what-if-autonomous-vehicles-rule-the-world-from-horseless-to-driverless

Universität Hamburg/Sopra Steria Consulting: Digitale Exzellenz. Eine Bestandsaufnahme zur Digitalisierung deutscher Unternehmen und Behörden. 2015.

Weiguny, Bettina: Das Rewe-Prinzip. In: FAZ, 29.11.2013.

Zukunftsinstitut (Hg.): Franz Kühmayers Leadership Report 2015. 2014.

Zumbrun, Josh: Is Your Job 'Routine'? If So, It's Probably Disappearing. In: The Wall Street Journal, 08.04.2015.

Eine Publikation vom

zukunftsInstitut